영상광고 감독
윤석태의 Q 뮤지엄
보고 느끼고 행하는 이야기

영상광고 감독
윤석태의 Q 뮤지엄
보고 느끼고 행하는 이야기

초판 1쇄 인쇄 2021년 1월 5일
초판 1쇄 발행 2021년 1월 11일

지은이 윤석태
펴낸이 이재욱
펴낸곳 (주)새로운 사람들
디자인 이보경
표지일러스트 이보경
마케팅관리 김종림

ⓒ윤석태 2020

등록일 1994년 10월 27일
등록번호 제2-1825호
주소 서울 도봉구 덕릉로 54가길 25(창동 557-85, 우 01473)
전화 02)2237.3301, 2237.3316 **팩스** 02)2237.3389
이메일 ssbooks@chol.com

ISBN 978-89-8120-612-3(03320)
*책값은 뒤표지에 씌어 있습니다.

영상광고 감독
윤석태의 Q 뮤지엄
보고 느끼고 행하는 이야기

꼭 해야 할!

해도 그만 안 해도 그만인!

해서는 안 되는!

영상광고 감독 **윤 석 태** 글
서원대학교 **김 병 희** 교수 추천

새로운사람들

우리나라 최초의 종합광고대행사 만보사의 초대 사장이신 이재항 사장이 회사를 떠나는 내게 주신 유훈이 하나 있다.

"조직 속에는 세 가지 부류가 있는데 꼭 필요한 사람과 있어도 그만 없어도 그만인 사람, 그리고 있어서는 안 되는 사람으로 구분된다."

조직에 필요한 사람을 구하거나 관리하면서 항상 염두에 두면 좋을 것이라는 충고의 말씀이셨다.

헌데 이 분류의 원칙은 내게 있어서 사람뿐만 아니라 작품을 제작하는 전 과정에서도 필요불가결한 지침이 된 것이다.

사내 조직 구성으로부터 시작하여 운영지침, 비즈니스 스타일 그리고 작품제작에 따른 전 과정에 이르기까지 꼭 필요한 것인가, 해도 그만 안 해도 그만인 것인가, 해서는 안 되는 것인가를 스스로 질문하고 답하는 습관이 생긴 것이다.

사람만이 아닌 행위, 물건 등의 선택에서도, 그리고 작품에서 접하게 되는 모든 요소를 검토하면서도 손쉽게 적용하면 처음의 의도한 바보다 달라지는 경우가 대부분이었다.

한 가지 신기한 점은 사람은 자기 자신의 노력에 따라 그 부류가 변할 수 있다는 점이다.

있어선 안 될 사람이 꼭 필요한 사람으로, 아니면 꼭 필요한 사람이 있어도 그만 없어도 그만인 사람으로 변할 수 있다는 것이다.

이에 비하여 작품을 통하여 시청자와 만나는 영상에 대한 반응은 그 결과가 좋든 나쁘든 원하는 방향으로 전환되지 않는다. 오히려 이미지 형성에 결정적인 원인으로 작용하기 때문에 좋은 점은 더욱 좋은 방향으로 나쁜 점은 더욱 나쁜 방향으로 치닫게 하는 것이다.

전력을 다해 작품을 만들었는데 보는 사람들의 반응이 기대치에 미치지 못하다면 작품을 앞에 놓고 다시 한 번 차분하게 검토해 볼 관점이다.

2021년 1월

영상광고 감독 윤 석 태

Susan Yoon

우리시대 광고 영상의 저 높고 아득한 이데아

우리나라 광고인 치고 윤석태 감독을 모르는 사람은 없을 것이다. 그렇다고 해서 그를 제대로 아는 사람도 그리 많지는 않을 것 같다. 그 이유는 겉으로 나타난 현실의 성과뿐만 아니라 그의 사상이나 정신적 궤적을 알아야만 그 사람을 어느 정도 안다고 할 수 있기 때문이다. 나 역시 그의 사상과 정신세계를 모두 안다고 할 수 없지만 그동안 순수한 학문적 호기심에서 윤석태 감독에 대해 연구를 해왔으니, 그렇지 않은 분들에 비해 그래도 손톱만큼은 더 안다고 할 수 있지 않을까 싶다. 영광스럽게도, 이 책에 대한 추천의 글을 써달라고 출판사에서 요청한 맥락도 그런 사정 때문이 아니었을까? 그동안 나는 윤석태 감독의 정신세계를 탐구하기 위해 7편의 글을 썼으며, 그 목록은 다음과 같다.

- 김병희 (2003). "크리에이티브의 길을 묻다 7: 상품을 찍지 않고 마음을 담았다- 윤석태 1." 광고정보, 262, 38-45쪽.
- 김병희 (2003). "크리에이티브의 길을 묻다 8: 유목민의 상상력과 농경사회적 상상력- 윤석태 2." 광고정보, 263, 40-47쪽.

- 김병희 (2004). "광고감독 윤석태 연구." 호서문화논총, 18, 1-39쪽.
- 김병희 (2007). "윤석태."『광고카피창작론: 기본원리 편』. 서울: 나남출판. 61-68쪽.
- 김병희, 윤태일 (2010). "한국 광고회사의 형성 과정에 관한 구술사 연구." 광고연구, 84, 63-111쪽.
- 김병희 (2011). "광고 영상의 저 높고 아득한 이데아: 윤석태."『영상 미학의 연금술: 창의성을 키우는 통섭 광고학1』. 서울: 한경사. 29-61쪽.
- 김병희, 윤태일 (2011).『한국 광고회사의 형성: 구술사로 고쳐 쓴 광고의 역사』. 서울: 커뮤니케이션 북스.

　광고 감독 윤석태(尹錫泰)는 1938년 10월 16일 충청북도 괴산군 사리면 이곡리 506번지에서 태어났다. 1958년 겨울, 그는 화가가 되겠다는 꿈을 안고 고향인 충북 괴산군에서 서울로 상경하는데 21세 때였다. 1964년 무렵 그는 고유판매제안(USP: Unique Selling Proposition) 개념을 제시한 로서 리브스의 저서『선전술』이라는 일본판 번역서를 보고 나서 광고에 본격적으로 관심을 가졌다. 그가 처음부터 광고 감독이 되고자 한 것은 아니었다는 뜻이다. 미술 대학생 시절에 그는 원로화가 박고석 화백의 밑에서 조수 생활을 했고, 군 입대 후 국방부에서 근무했다. 그 시절에 그는 상업 디자인에 관심을 갖고 각종 현상공모에 응모했는데 매번 좋은 결과가 나타났다. 결국 이를 계기로 광고라는 새로운 분야에 더 깊이 빠지게 됐다.

　1968년 7월, 그는 역대 최대의 간첩사건이라고 하는 통혁당 사건에 연루되어 혹독한 고초를 받았다. 1962년에 군 제대 후 홍익대학교 조소과에 다니던 그는 광화문〈김동선 광고연구소〉에 적을 두고 학비를 벌기 위해 대한항공공사, 교육보험, 백화양조 같은 기업의 광고 일을 했다.

　이 무렵 교육보험에서 교보신문을 주관하던 노종호의 소개로 동명학술회라는 서클에 가입했다. 이 모임은 여러 분야의 사람들이 모여 정치, 경제, 사회, 문화예술 등 사회전반에 걸친 문제에 대해 의견을 개진하는 순수한 연구모임이었는데, 이 때문에 통혁당 사건에 말려들게 된다. 혹독한 문초를 받던 그는 수사 과정에서 신탄진 담뱃갑 디자인 공모에서 입상한 것이 알려지며 풀려 나왔다. 당시 대한항공공사 선전과에 근무하던 유철종이 나중에 광고회사 만보사의 광고기획자(AE)로 자리로 옮기며 그에게 광고회사 근무를 제안했다.

그는 군 입대를 포함해 10년 간의 대학생활을 보내고, 1969년 4월 현대적인 의미에서 우리나라 최초의 광고회사인 만보사에 입사했다. 그해 12월 코카콜라 크리에이티브 업무를 총괄하게 됐고 이듬해인 1970년 2월 우리나라 최초의 스틸 방송광고 해변 작품의 연출을 맡으면서 TV-CM 창작을 시작했다. 이후 그는 당시의 국제 광고주인 코카콜라 담당 크리에이티브 디렉터로서 10년간 일했다.

그는 서양화에서 조각으로, 조각에서 디자인으로, 디자인에서 다시 TV-CM 감독으로 변신하는데 그 계기를 알아보면 다음과 같다. 홍콩의 코카콜라 담당 기획책임자인 렌스 리가 만보사의 이재항 사장에게 그를 영상 광고 책임자로 육성할 것을 추천하고 홍콩으로 돌아갔다. 이때까지만 해도 그는 생활의 방편으로 광고 일을 하며 언젠가는 유화를 그리려고 했지만, 허리우드 영화계 출신의 유명 광고 감독 브루스를 만난 다음부터 생각을 바꿨다. 이런 사정을 그는 다음과 같이 회고한 바 있었다.

"우리는 TV 커머셜에 대하여 많은 것을 이야기하였지만 지금 생생히 기억되는 것은 한국에서 방영할 커머셜은 한국에서 만드는 것이 좋다. 한국 커머셜 업계는 걸음마 단계인데 지금 여건이 어렵다 하여 손쉽게 외국에 맡겨 버리면 앞으로 한국 커머셜은 자체적으로 만들기 어려운 상황이 될 것이다. (중략) ……필름의 필자도 모르는 나에게 TV 커머셜을 만들어 보라니 참으로 답답한 일이 아닐 수 없었다. 현실적으로는 당장 TV 커머셜을 기획하고 제작을 하여야 하는 입장인데 누군가 선배가 있는 것도 아니고 그렇다고 새삼스레 학교나 어떤 전문기관에서 배울 수 있는 기회나 시간이 있는 것도 아니고 무엇보다도 우리의 TV CF를 외국에서 만들어온다는 것은 더더욱 자존심이 허락지 않는 일이었기에 고민을 할 수밖에 없었다." (윤석태. 2000. "윤석태 감독의 광고 30년(1): 화가의 꿈 감독의 날개." 광고정보, 235, 68-69쪽).

1975년 만보사가 창립 6년 만에 합동통신사 광고기획실(현 오리콤 전신)로 합병되자, 그는 1978년 3월말에 사표를 쓰고 동아방송의 CM-PD를 하던 이강우를 만나게 됐다. 1978년 9월 18일, 이강우와 공동으로 세종문화를 설립해 2000년 3월까지 21년간 동업 생활을 유지했다. 처음의 사정을 그는 다음과 같이 술회했다.

"우리는 서로 이름을 듣고 알고는 있었지만 직접 얼굴을 대면하게 된 것은 내가 사무실을 오픈한 직후인 4월경으로 기억된다. 처음부터 우리 둘은 숙제를 들고 연락하고 숙제를 놓고 이야기가 시작되었다. 이상하리만치 오랜 친구처럼 호흡이 잘 맞았다. (중략) ……그리고 농담으로 함께 일하는 것이 좋겠다고 이야기한 것이 결국 세종문화 탄생의 계기가 된 것이다. 합병의 조건이나 지분문제 등은 아예 거론되지도 않고 오직 함께 일하는 것이 최상의 방법이라는 일념으로 우리는 결단을 내리게 된 것이다." (윤석태. 2000. 윤석태 감독의 광고 30년(9): 광고인생의 동반자- 이인구와 이강우. 광고정보, 243, 86-89쪽).

그가 31년 동안 창작한 광고물을 개략적으로 정리하면, 텔레비전 광고 658편을 연출했는데 편집 편수로는 2,014편에 이른다. 연간 최고의 제작편수 기록은 1985년과 1987년도의 각각 38편이며, 연간 최소의 제작편수 기록은 1970년의 3편, 1977년의 5편이다. 1970년의 기록은 첫 시작의 해이기 때문에 별 의미가 없다. 1977년의 제작 편수가 그가 매년 제작하던 평균 작품수의 절반밖에 되지 못한 것은 당시 합동통신사 광고기획실의 제작국장으로서 관리자 역할에 치중했기 때문이었는데, 이는 나중에 독립 프로덕션을 설립하게 되는 직접적인 원인이 된다.

해외 광고주 제작은 일본의 KAO 광고를 1988년과 1989년 각각 2편이며, 영화 등 광고 외의 작품 제작은 총 6편인데 120분 영화 〈러브 러브 러브〉 1편, AFKN-TV의 브레이크 타임(Break Time)을 위한 프로그램 〈Image of Korea〉 60초 2편, MBC-TV의 수사반장 타이틀 1편, KBS 9시 뉴스의 타이틀 1편, 그리고 국제광고협회(IAA) 세계대회 한국 유치를 위한 8분 홍보물 등이다. 그리고 제작을 완료했지만 외적 요인 때문에 방영되지 못한 작품은 공익광고 '검은 손' 편과 농심 신라면 광고, 그리고 호남정유의 '나의 살던 고향' 편 등 3편이다.

제품별로 가장 많은 작품을 만든 부문은 총 119편인 식품부문으로 전체의 18%이며, 단일 광고주로서 가장 많은 작품 제작을 의뢰한 광고주는 제일제당 72편이다. 방송광고상 수상 작품은 국내 43편 국외 9편으로 총 52편인데, 우리나라의 방송광고대상은 1981년 3월 텔레비전 광고의 컬러화가 된 이후부터 처음으로 시행됐으므로 그의 수상 실적은 1980년도 작품부터 해당된 것이다. 따라서 실제로 그가 만든 작품 중에서 이전 광고들을 제외하고 보면 522편의 작품 중에서 52개의 상을 받은 셈이니, 그가 창작한 전체 광고 중에서 10%가 수상작인 셈이다.

한국방송광고대상(대한민국광고대상 포함)에서 대상 수상은 총 19회 중

6회이고, 1991년과 1992년에는 2년 연속 대상을 수상했다. 한국방송광고대상을 통해 수상의 영예를 안겨준 광고주 수는 총 26개사이고, 한국방송광고대상에서 2회의 대상을 안겨 준 광고주는 1991년과 1994년의 제일제당이었다. 한국방송광고대상에서 가장 많은 수상의 영예를 안겨준 광고주는 대상 2회를 포함해 8개인 제일제당이며, 한국방송광고대상에서 가장 많은 수상작을 안겨준 광고주는 12개의 대우그룹이었다. 단일 광고주로 수상율이 가장 높은 광고주는 총 6편 제작에 대상 1회를 포함해 3개인 경동보일러였다.

윤석태의 전기를 고찰하는 데 있어서 간과해서는 안 될 부분이 한국광고를 세계에 소개하는 데 주도적으로 앞장섰다는 사실이다. 한국 광고계에 외국의 우수 광고가 소개된 시기를 보면 일본 ACC(All Japan Commercial Council) 수상작이 1968년부터, 미국의 클리오(Clio Awards) 수상작이 1970년부터, 칸 국제광고제(International Advertising Festival Cannes) 수상작은 1988년부터 시작됐다. 규모나 전통으로 보아 1953년에 설립되어 유럽을 주축으로 하는 칸(Cannes) 국제광고제와 1960년에 설립된 미주지역의 클리오(Clio)가 세계 광고제의 양대 축이다. 또한, 우리나라에 가장 먼저 소개된 ACC는 1960년에 제정되어 동양 유일의 국제광고제로 발전했으나 1980년대 이후 국제부문을 포기하고 순수 국내 행사로 지금까지 이어지고 있는 일본 유일의 광고제이다.

윤석태는 칸 국제광고제를 한국에 소개하고 한국의 광고 작품을 세계 광고제에 소개하는 데 주도적인 역할을 했다. 그가 칸 국제광고제를 소개하기 전까지 한국 광고계는 유럽 광고에 대해 거의 모르고 있었다. 당시는 1988년 서울올림픽 직전이었다. 그는 1986년 말 일본의 협력회사인 도호쿠신샤(東北新社)의 CM본부장인 이마이 아쓰시로부터 칸 국제광고제에 대한 정보를 들었지만 국내에는 일체의 정보가 없었기에, 일본 측의 도움을 받아 1987년에 첫 출품을 했고 일본 참가단을 따라 칸 국제광고제에 참여했다. 당시의 사정을 그는 이렇게 술회했다.

"칸느 현지에 도착한 나의 첫 소감은 큰일 났구나 하는 생각이었다. 전 세계에서 모여든 천여 명의 참가자 규모도 놀라웠지만 그들 모두가 하나같이 20대, 30대의 젊은이들이었기 때문이다. (중략) ……대개의 경우 이런 국제적인 행사에는 윗사람부터 거쳐 내려오는 것이 우리나라 관행처럼 되어 있기에 더욱 그런 생각이 들었다. 여하간 국내에 이곳의 모든 상황을 자세히 알리는 것이 급선무라고 판단, 일주일 동안의 전 일정을 하나도 빠짐없이 참여하면서 메모를 해 나갔다. (중략) ……마지막 금요일 저녁, 최종심사 결과를 발표하는 현장에서 나는 다시 한 번 놀라움과 함께 분노를 터뜨리지 않을 수 없었다. 프린트된 인쇄물 속에는 일본 측 심사위원이 덴츠와 하쿠호도에서 각각 한 명씩 두 명이나 끼어 있는 것이 아닌가. 우리나라가 아시아 두 번째로 큰 광고대국이라고 자처하면서 바로 이웃하고 있는 일본의 이런 사실도 모르고 있었다는 것이 창피하기도 하면서 한편으로는 업계 선배들이 야속하기까지 하였다." (윤석태. 2001. 윤석태 감독의 광고 30년(11): 한국 광고계와 세계 광고제. 광고정보, 245, 86-89쪽).

다음해인 1988년 6월, 그는 한국인 참가단 20여 명을 인솔해 다시 프랑스 칸에 도착하자마자 사전 약속도 없이 칸 국제광고제 집행위원회 허추엘 회장의 사무실에 찾아가 한국으로 초청했다. 그의 제안에 따라 1989년에 허추엘 회장이 한국을 방문했고 그해 처음으로 한국에서 칸 국제광고제의 작품 시사회를 열었다. 그 후 칸 국제광고제 집행위원회 심사위원을 추천해 주기 바란다는 연락을 받았고, 우리나라는 1990년부터 격년제 심사위원 피선국으로 결정됐다. 그의 노력으로 한국은 칸 국제광고제에 참가한 지 2년 만에 우리나라 광고의 존재감을 알렸다.

클리오(Clio) 광고제의 경우, 신인섭이 클리오 창립자 에반스와의 친분 관계로 한국에 처음 소개했으나, 윤석태는 신인섭의 권유로 1993년 클리오 대표권자로 업무를 인수받았다. 그 후 그는 클리오의 새로운 회장 짐 스미스와의 친분 관계를 바탕으로 한국 광고인들이 클리오 광고제에 참여할 수 있도록 다양한 지원을 했고 현업에서 은퇴하면서 한국CF제작사협회에 대표 권자 자격을 넘겨주었다. 윤석태는 2000년 국민대학교 윤호섭 교수의 환경 운동을 주제로 한 전람회를 돕는 커머셜 시리즈(5편)에 자원봉사로 연출하는 것을 마지막으로 현역에서 은퇴했다.

이상이 윤석태 감독의 전기적 사실을 대강 약술한 것이다. 이 책 『영상광고 감독 윤석태의 Q뮤지엄: 보고 느끼고 행하는 이야기』는 그가 살아온 인생 여정과 우리나라 영상 현장의 역사가 오롯이 담겨 있다.

이 책에 앞서 그는 우리나라 영상제작의 역사를 연표 형식으로 정리했다(윤석태. 2020. "연표로 보는 영상제작의 역사." 김봉철 외. 『한국의 광고산업과 광고제도』(한국광고학회 광고지성총서2). 학지사. 85-118쪽). 이 글에서 그는 우리나라 영상제작의 역사가 영화산업의 태동기, 현대 광고를 출발시킨 TV 영상, 4대 매체의 등장, 영화산업의 쇠퇴와 흑백 TV의 전성기, 흑백에서 컬러 영상으로의 전환기, 아날로그에서 디지털 시스템으로의 전환기, 디지털 미디어 시대, 영상혁명과 1인 미디어 시대를 거쳐 발전해왔다고 정리했다.

"연표로 보는 영상제작의 역사"가 영상제작의 역사를 하드웨어와 소프트웨어 맥락에서 정리했다면, 그 후속편에 해당되는 이 책 『영상광고 감독 윤석태의 Q뮤지엄: 보고 느끼고 행하는 이야기』는 영상제작의 역사를 브레인웨어(brain ware) 맥락에서 정리했다고 평가할 수 있다. 광고 영상의 뜨거운 현장 경험을 몸소 겪지 않았다면 알 수 없는, 그리고 1960년부터 인터넷 시대까지를 거쳐 오지 않았다면 결코 알 수 없는 시시콜콜하고 흥미로운 이야기들이 책갈피마다 스며 있다. 이 책은 평생을 영상의 현장에서 보낸 윤석태 감독이 영상 광고를 만들며 느끼고 경험한 속내를 한 땀 한 땀 정리한 사랑의 기록이다. 그래서 이 책에서는 그의 사상과 정신세계를 엿볼 수 있다.

제1부 '환경에 관한 이야기'에서는 꼭 있어야 할 것, 있어도 그만 없어도 그만인 것, 있어선 안 되는 것들을 풀어냈다. 신들린 영화와 비오는 영화, 극장 매체의 새로운 전환점이 된 애니메이션 광고, CF 프로덕션의 등장, 1968년 통혁당 사건에 휘말리다, 컬러광고의 세계로 진입하다, 광고인(광고쟁이)에 대한 사회적 인식, 코카콜라와의 인연, 할똥사징 아이구 강고를 찍는다는데유, 3천 피트 필름 검증을 불러온 첫 공익광고, 흑백에서 컬러의 영상세계로, 칸 국제광고제에 한국광고계의 위상을 알리다, 크리에이터를 바보 크리에이터로 만든 제도, 미완성의 영상광고박물관 꿈 등의 이야기에서 초창기의 광고 풍경을 속속들이 들여다볼 수 있다.

제2부 '직업에 관한 이야기'에서는 꼭 해야 할 일, 해도 그만 안 해도 그만인 일, 해서는 안 되는 일에 대한 인생철학을 이야기했다. 상업광고 낚시에 걸려들다, 제약회사 입사시험에서 낙방의 행운이 오다, 사측의 도깨비 같은 엉뚱한 제안, 부족해도 우리의 것은 우리의 손으로, 타이틀이 사람을 바보로 만든다, 창밖으로 날아간 바둑알, 일체의 비정상 거래를 금한다, 인재는 키우는 것이지 저절로 오는 게 아니다, 콩나물이 인재를 찾아낸다, 치받고 일할 때가 좋은 것, 시작보다 마무리가 더 중요하다, 광고인(광고쟁이)은 죽어서도 광고인이어야 한다 등의 이야기에서 광고라는 직업의 운명과 전문성 문제를 현실적인 맥락에서 냉정하게 성찰해볼 수 있다.

제3부 '작품에 관한 이야기'에서는 꼭 필요한 컷, 있어도 그만 없어도 그만인 컷, 있어선 안 되는 컷에 대해 친절히 설명했다. 시골 농촌이 준 소중한 체험들, 고민은 책상에서 하고 현장에선 다리품을 팔아야, 화면에 표출되는 모든 소재는 출현의 의미가 분명해야, 연출자가 가장 두려워해야 할 것은 '연출 내음', 끝까지 도전하는 자에게 복이 있나니, 작은 차이가 큰 차이를 만든다, 보이는 것을 찍는 것이 아니라 마음을 찍는 작업이다, 무음도 카피의 한 구절이다 등의 숱한 이야기에서 광고가 상품 판매의 수단이라는 본질적 기능을 넘어서 광고를 예술작품의 반열에 올리기 위해 노력해온 창작혼의 궤적을 벅찬 마음으로 간접 체험해볼 수 있다.

윤석태 감독은 1969년 4월 이후, 유목민의 상상력(nomadic imagination)을 무기로 영토 확장을 위한 전투가 그 어느 영역보다 치열한 광고의 고원에서 종횡무진 누벼왔다. 그동안 그가 찾아 헤맨 크리에이티브 정신을 가리켜 농경사회 상상력이 아닌 유목민의 상상력이라고 부를 수 있겠다. 연출자란 "보이는 것을 찍지 말고, 보여지는 것들의 마음을 담아야" 한다고 말했듯이, 그는 자신만의 광고 창의성 개념인 '호흡 조절'을 바탕으로, 우리 광고가, 시대와 더불어, 역사와 더불어, 영원한 호흡 조절을 하기를 소망했다. 이런 점에서 그는 우리시대 광고 영상의 저 높고 아득한 이데아이다.

미적인 것에 눈을 떠 화가가 되고 싶었지만 31년 간 다른 길을 걸었고, 불같은 성격 때문에 스스로 자멸할지도 모른다며 늘 불안의 그림자를 달고 다녔지만, 그는 결국 우리나라 최초의 CM 작품집이라 할 수 있는『윤석태 TV-CF 작품집 Q-30』(2001)을 펴내고 그동안 만들어온 광고 작품 전시회를 열었다. 그는 이 책의 서장에 해당되는 "광고주가 찾는 사람, 광고주를 찾아가는 사람"에서 광고 창작자들에게 마치 잠언(箴言) 같은 충고를 다음과 같이 하고 있다(윤석태. 2001. 『윤석태 TV-CF 작품집 Q-30』. 도서출판 호미. 11쪽).

> "(……) 일은 찾아서 하는 것이지 받아서 하는 것이 아니다
> 맞는 말이다
> 그러나
> 크리에이터는 일을 구걸해서는 안 된다
> 크리에이터는 일을 돈으로 흥정해서는 더더욱 안 된다
> 찾는 사람이 되든가
> 찾는 사람이 되도록 노력하든가
> 크리에이터가 가는 길은 그 길밖에 없다"

이러한 그의 자신감은 오랜 경험에서 나온 영상 감각과 창의성 향상을 위한 각고의 시험과 노력에서 비롯된다. 어떤 조직에서건 꼭 있어야 하는 사람, 있어도 그만 없어도 그만인 사람, 그리고 있어서는 안 될 사람이 있듯이 그는 영상에서도 꼭 있어야 할 것만 있어야 하고 나머지는 필요 없다는 것이다. 그래야 독특한 스타일의 영상 에너지가 충전된다고 생각하는 그의 창작 방법론은 크게 네 가지로 요약할 수 있다(김병희. 2007. "윤석태." 『광고카피창작론: 기본원리 편』. 나남출판. 61-68쪽).

첫째, 연관된 소재를 찾아내라. 예를 들어, 자동차가 속도감 있게 주행하는 장면을 촬영할 때는 자동차만 찍기보다 산에 있던 다람쥐가 놀라 뛰어가는 장면을 필름에 담는 것도 상품에 연관성을 부여하는 방법이다.
둘째, 생명력을 불어넣어라. 광고 창작자들은 무생물인 상품이 마치 살아있는 생명체처럼 느껴지도록 브랜드 개성을 만들어주어야 한다는 것이

다. 그는 상품에 생명을 불어넣는 것이 영상 미학의 핵심이라고 인식했다.

셋째, 메시지를 하나로 집약시켜라. 광고를 구성하는 표현 요소가 너무 많으면 절대로 소비자를 하나의 메시지로 집중시키기 어렵다. 따라서 내용도 집약시키고, 스토리도 집약해서 표현하고, 카피도 집약해서 표현하고, 영상도 집약해서 표현해야 한다는 것이다.

넷째, 차이가 나도록 식별하라. 식별이란 다른 회사의 특정 브랜드와는 차이가 나는 스토리의 전개 방법이나 고유한 색깔과 톤을 의미한다. 다른 회사와는 절대로 비슷해서는 안 되며, 설령 비슷하더라도 거기에서 탈피해 광고 브랜드만이 갖는 영상 미학이 있어야 소비자들이 광고 상품을 금방 인식할 수 있다는 것이다.

윤석태 감독은 『영상광고 감독 윤석태의 Q뮤지엄: 보고 느끼고 행하는 이야기』의 마지막 줄을 이렇게 끝맺고 있다.

"비록 화가의 꿈을 저버리고 영상광고 감독으로 일관해 온 나의 60여 년 여정, 끝내 광고의 길을 벗어나지 못한 채 외길을 걸어왔지만 지금 이 순간까지 단 한 번도 후회하지는 않았다."

후회하지 않는 인생이란 누구나 부러워할, 얼마나 아름다운 인생인가? 광고인들은 물론 영상을 공부하는 모든 분들께서 이 책을 읽으며 영상 감독의 미학적 정신사(精神史)를 체험하시기 바란다. 반세기 넘도록 뜨겁게 살아온 영상감독의 인생 여정에서 우리시대 광고 영상의 저 높고 아득한 이데아를 만나게 될 것이다.

2021년 1월
김 병 희
(서원대 광고홍보학과 교수, 한국광고학회 제24대 회장)

1970 해변	1974 새마을

광고주 : 코카콜라	광고주 : 코카콜라

최초로 국내에서 만든 CF이자
스틸커머셜이다.
매 장면을 정 사진으로 촬영
다시 이를 인화하여
무비로 촬영하는 기법이다.

새마을 운동을 통한
농촌봉사 활동 주제의 하나다.
음료수의 냉각저장 인식이 부족,
우리 나름대로의 환경에 적합한
냉각방법을 매작품마다
제시하여 호평을 받았다.

1978 새한버드-랑데뷰

1983 태평양향수-쌍띠망 편

광고주 : 새한자동차

자동차광고에 대한
자료가 전무한 상태에서
태안반도 백사장을 찾아
현장에서 콘티를 짜고 만든 작품
말을 타고 간 여인이 말을 버리고
차를 선택한다.

일본 ACC광고제 우수상

광고주 : 태평양화학

외국인 출연, 심의 불가로
얼굴을 반쯤 가리고 촬영한
수출용 화장품 향수
컬러화 초기 필름 색재현의
실체를 파악하고자 일본 스태프를
활용한 작품이다.

한국광고대상 우수상

1984 물방울편

광고주 : 대우정밀

경쾌한 음악에 맞추어
자연 속의 물방울들이 뛰어노는 모습
유치원 어린이들과 함께 뛰어놀던
천진난만한 모습들을 상상하며 촬영
새벽 산책길에서
주변의 이슬로부터 얻은 아이디어

한국방송광고대상 대상

1987 대우마제스타 사물놀이편

광고주 : 대우전자

소재가 중요한 것이 아니라
표현의 주제가 무엇인가를
보여주는 대표적인 작품.
사물놀이 연주자들의
혼을 그린 작품이다.

한국방송광고대상 대상
칸느 Prix National 상

1991 황해도 망향 편

광고주 : CJ제일제당

강화도 지역의 월남민을 찾아
황해도 고향만두를 들고 울먹이며
이야기하는 할아버지를 통해
우리민족만이 안고 있는
가슴 아픈 현실을 보여 준다.

한국방송광고대상 대상

1994 즉석 북어국다시다 편

광고주 : CJ제일제당

매일같이 술 한 잔 하고
귀가하는 샐러리맨들의
음주습관을 북어 해장국을
통하여 유모어로 표현한
작품호평을 받았다.

대한민국광고대상 대상

1989 따봉 1편

광고주 : 롯데칠성

브라질에서는 우리들의 빨리빨리
우리나라에서는 좋다라는 따봉
두 나라 스태프가
맞바꾸어 유행시킨 작품
시골에선 지금도
따봉이 일상 언어로 쓰이고 있다.
반응도 물론 따봉!

1993 현대인 점퍼 편

광고주 : 현대자동차

삼엄한 노조파업-
노동자들의 자긍심을
심어주기 위한 기업광고,
현장을 맴돌다 권기장 부인의
넋두리에서 아이디어를 얻었다.

1990 아버지 고집 편

1991 박동진 편

광고주 : 삼성전자

고향을 지키는 노부부와
고향을 찾는 중년부부
가족의 따뜻한 정감을 살려
사라져가는 옛 모습을 살린 작품

한국방송광고대상 우수상

광고주 : 조선무약

우리 것이 좋은 것이여!
박동진명인의 한마디로
반응은 좋았지만
국악은 순간적인 감정변화가 심해
매 컷마다의 길이가 달라
편집에 애를 먹은 기억이 새롭다.

한국방송광고대상 우수상

1991 소 편

광고주 : 경동보일러

시골 노부부가 엄동설한에
자신들의 추위 걱정보다는
객지에서 고생하는
자식들의 걱정이 앞선다.
우리네 모든 부모들이 갖는
보이지 않는 따뜻한 마음이다.

한국방송광고대상 대상

1996 황태덕장 편

광고주 : 경동보일러

아버님 댁에 보일러 놓아
드려야겠어요를 유행시킨 광고,
시리즈 전개 중에 아직도
보일러를 설치하지 않은 불효자가
있냐고 항의하는 일화를 남긴
효 시리즈의 하나이다.

대한민국광고대상 우수상

1991 미인송 숲 편

광고주 : 롯데칠성

장소를 찾지 못해 포기하려다
꿈속의 환영을 찾아 찾아낸 풍경,
수 천년의 고목들과
엄청난 두께의 이끼가 엉켜서
대지에 카펫처럼 깔려있다.
현지인도 놀랬다.
우리도 모르는데 어떻게?

1993 김장독 편

광고주 : LG전자

회의실 앞을 지나다가
모두가 모여 고민하는 모습에
"무슨 일로 고민하는 감?"
"김치독 냉장고 제작회의~"
"김장독 싸~려~"
있는 대로 힘주어 소리 질렀다.
그것이 아이디어가 되었다.
원미경이 독 장사 흉내를 낸다.

1991 원두막 편	2000 자전거 편

광고주 : 오리온

한여름 소나기를 만나
비를 피하는 남매간의 오붓한 정
수박 위에서 같은 모습의
개구리 형제를 촬영하느라
3시간여 필름을 돌린다.
단 1초 24콤마를 선택하기 위하여

한국방송광고대상 우수상

광고주 : 환경디자이너 윤호섭

광고계 CD로서
뛰어난 재능을 보여준 디자이너가
환경운동에 뛰어들더니
자동차를 비롯한
편리시설 일체를 거부하고
순수 친환경운동으로 일관한다.
놀라운 변신!!

1998 산사 대나무 편

1999 사슴 편

광고주 : SK텔레콤

휴대폰이 일반화되면서 통화로
주변에 피해를 주는 일이 많아졌다.
벨소리에 놀라 날아가는
한 쌍의 나비와 달리
죽림 속 오솔길을 걸으며
명상에 잠긴 스님을 통해
통화 예의를 전한다.

대한민국광고대상 금상

광고주 : SK텔레콤

남의 나라 북해도에 가서
우리나라 풍경을 찾다니~
농가에 묶여있는 말이
자기 근처로 오라는 암시를 한다.
눈속을 헤치며 올라가니
오우! 이럴 수가!! 감사합니다!!!
하늘도 날씨로 도와준다.

대한민국광고대상 대상

차 례

제 1 장

환경에 관한 이야기

꼭 있어야 할 것!

있어도 그만 없어도 그만인 것!

있어서는 안 되는 것!

01

신들린 영화, 비오는 영화

1950~60년대 작품을 보면 화면이 신들린 것처럼 흔들리거나 소나기 오듯 화면에 수많은 선들이 흘러내리는 것을 보게 된다. 그 원인이 무엇일까.

열악한 환경에서 영상을 제작해야 하는 영화업계는 제작에 따른 연관 업체의 빈약한 환경 때문에 제대로 된 시설이나 설비가 구축되지 못했기 때문에 어쩔 수 없이 받아들인 결과이다.

영상을 수록하는 촬영 기자재는 허리우드에서 그 수명을 다한 기자재를 저가로 반입하여 활용함으로써 필름 화면에 만들어져 있는 퍼포레이션 구멍에 네 개의 톱니바퀴가 정확하게 밀착하여 끌어내리지 못했기 때문에 나타나는 흔들림 현상이고 비가 내리는 현상은 영사기 화면을 수차례 지나가면서 생기는 소위 필름 표면이 긁힌 현상인 것이다.

개봉관이 아닌 재개봉관 그리고 재재개봉관으로 갈수록 비오는 형상은 더욱 심해지고 중도에 끊어진 필름을 이어붙인 곳에서는 덜커덕거리다 필름이 끊어지기 일쑤, 가끔 영사기가 멈추게 되면 화면에 빛을 보내는 대형전구의 온도가 급격하게 상승, 필름 화면이 순식간에 벌겋게 번지면서 시꺼멓게 타들어가는 화면도 보게 된다.

변사(辯士)의 설명을 듣는 무성영화로부터 유성영화 심지어 컬러영화에서도 이런 현상은 사라지지 않았다. 영사실 기사에게 영상사고를 알려주는 괴성이나 손을 입안에 넣고 질러대는 휘이익 소리…그래도 영화라는 특이함 때문에 관객들은 끊이지 않고 줄지어 찾게 된다.

02

극장매체의 새로운 전환점이 된
애니메이션 광고

60년대 흑백TV가 일반화되기 이전의 대표적인 대중문화이자 오락시설이었던 극장에서는 1953년부터 본 영화 상영 전에 대한뉴스와 문화영화가 의무적으로 상영되기 시작했고 관객의 교대시간을 이용하여 광고화면이 등장하기 시작했다.

불행하게도 이 시기의 영화관 광고에 대해서는 기록이 전혀 남아 있지 않을 뿐만 아니라 한국광고영상박물관 자료에도 당시 사용했던 슬라이드 커버만 남아 있을 뿐이어서 제작 및 운영 현황에 대해서는 당시의 환경을 고려한 추정이 전부인 실정이다.

광고 형태는 영사기 옆으로 별도 설치된 슬라이드 프로젝터를 이용하여 영사기사가 슬라이드를 화면에 비추어주는 극히 초보적인 단계로서 주로 극장 주변의 상점이나 일제 강점기부터 이어온 주류, 제약, 그리고 영화 광고가 대부분이었다. 이 시기의 광고 집행은 영사기사의 개인적인 수입원으로 운영되었다고 보아야 할 것이다.

극장 광고가 새로운 전환점을 맞아 정식 비즈니스로 전환하게 된 것은 바로 애니메이션 광고가 출현되고 나서부터다. 제작의 전 과정이 본 영화와 동일하게 진행되어 슬라이드가 아닌 영화필름으로 만들어져 본 영화 영사기를 활용하여야 했기 때문으로 추정된다.

　우리나라 최초의 애니메이션 광고인 〈OB시날코〉〈럭키치약〉의 광고가 문달부 감독에 의해 발표되는 1956년은 초당 24프레임 영상과 광학처리된 오디오가 일치되어 하나의 작품으로 상영되는 의미 있는 첫 해이기도 하다. 문달부 감독이 일본의 산토리 위스키 애니메이션 광고를 세밀하게 분석하여 그 기법을 응용하여 제작한 작품이라고 한다.

　연이어 등장한 애니메이션 광고로는 태평양화학 〈아모레화장품〉 동아제약 〈박카스〉, 닭표간장 〈꼬끼요오〉 등이 출현되었으며 특히 1959년에 제작 발표된 엄도식의 동화약품 활명수 〈아이고 배야〉 작품과 만화가 신동헌 감독의 〈진로파라다이스〉 작품은 공전의 대히트를 친 명작으로 반세기가 넘게 지나온 지금까지도 사람들의 입에 오르내리는 명작이기도 하다.

60년대 진입 전후로 극장에서 상영된 진로소주의 "진로파라다이스"와
동화약품의 활명수 "아이고 배야" 광고는 인기 애니메이션광고이자
오래도록 기억되는 광고이기도 하다.

03

라디오보다 먼저 출현한 TV광고

비록 TV 보급대수가 20여 대에 불과했지만 우리나라 최초의 TV방송국 KOCARD 방송국이 종로 관철동 동일빌딩에서 문을 연 것은 바로 1956년 5월 12일이다. 경성방송국에 근무하던 황태영이 주관, 미국의 RCA-TV와 협력하여 개국한 TV방송국으로 이는 세계에서 15번째, 아시아에서는 필리핀, 일본, 태국에 이어 4번째 기록이라고 전한다.

TV방송국의 민간방송으로는 KBS-TV보다 5년 앞서 등장한 것이며 광고방송으로는 민간 상업방송으로 출발한 부산 MBC라디오가 1969년 첫 전파를 탔으니 무려 13년이나 앞서 등장한 것으로 이 기록이야말로 전 세계적으로도 유일할 것으로 추정된다.

종로에 설치된 TV방송국 전시실 밖에서 방송을 보던 필자의 기억에는 길가를 오가던 사람들마다 이 조그만 상자에 사람이 어떻게 들어갔느냐는 의구심에 더욱 관심이 컸던 것으로 기억된다.

신인섭 교수를 위주로 구성된 업계 전문가들에 의해 2007년 선정 편집된 『한국영상광고의 역사』의 기록에 의하면 우리나라 최초의 TV광고로 제작되어 방송을 타게 된 광고는 전 TBC-TV 최덕수가 제작한 〈깨지지 않는 레코오드-유니버어셜 레코오드〉로 기록되어 있다. 당시의 커머셜은 TV화면의 비율에 맞게 도안사가 제작한 원고를 10초당 1컷으로 2대의 카메라를 이용하여 영상을 비추어주면서 아나운서가 광고카피를 읽어주는 형식이었다. 이 시기에 광고 문안을 아나운서가 직접 읽어주는 소위 생CM 광고가 등장한 것이다.

무엇보다도 TV라는 새로운 매체에는 라디오 매체와 달리 영상원고와 오디오 문안이 별도로 요구되어 유일한 대처방법으로 자연스럽게 슬라이드광고와 생CM 제작이 등장하게 된 것으로 판단된다. 그러나 인쇄광고가 주를 이루는 광고업계에 새롭게 등장한 TV광고의 첫걸음은 의외의 장벽을 연이어 맞이하게 된다.

RCA-TV가 경영의 어려움으로 다음해인 1956년 5월에 한국일보 장기영으로 사주가 바뀌고 3년 후인 1959년 화재로 완전히 소실, 1961년 10월, 6년여 만에 완전 폐쇄됨으로써 다음해인 1962년 KBS-TV가 개국하여 1963년 유료광고를 시작하기 전까지 TV광고 제작은 완전히 숨을 죽이게 된 것이다.

1956년 5월 12일에 개국 당시 KOCARD TV에 방영된 슬라이드광고와 아나운서에 의한 생CM 광고 "유니버어셜레코오드" 광고는 최덕수가 제작한 것으로 알려져 있다.

04

기능공에 의한 인쇄 원고 제작

50년대 광고의 주 매체는 역시 인쇄매체이고 제작의 주체는 디자이너가 아닌 도안사나 화공들의 작업이었다. 디자인의 모든 요소가 사람의 손, 즉 화공에 의하여 만들어지는 시기였다. 잡지의 목차로부터 표지 컬러나 제품의 표현에 이르기까지 화공들의 손에 의하여 원고가 만들어졌고 정사진으로 촬영된 인물이나 제품사진도 인쇄원고로는 적합하지 않아 피스 전문가의 손을 거쳐야 하는 시기였다.

이 시기의 월간잡지 신태양, 여원, 학원 등을 살펴보면 본문은 활자조판으로 인쇄되었지만 표지로부터 목차 그리고 본문의 제목에 이르기까지 모두가 도안사의 손에서 전체의 레이아웃이 이루어지고 활자가 크든 작든 사람의 손에 의하여 만들어진 것을 보면 당시 기능인들의 놀라운 테크닉을 인정하지 않을 수 없다.

뿐만 아니라 컬러 인쇄물을 위한 색분해 제판시설이 없어서 흑백그림에 색을 입히는 어설픈 작품으로 대체했지만 흑백시대에는 컬러가 입혀진 것만으로도 시선을 끌기에 부족함이 없었을 것이다.

20세기 모더니즘 시대의 대표적인 타이포그래퍼이자 아트디렉터인 허브 루발린(Herb Lubalin)은 그래픽디자인의 골격이 이미지보다 활자에 있음을 간파하고 활자를 통하여 또 다른 언어를 창조하던 작가이다.

그의 작업에 가장 큰 영향을 준 것은 사진식자기(Photocomposing machine)의 등장이라고 한다. 사진식자기는 필요한 활자와 서체를 하나씩 선택하여 인화지에 전사하면서 조판하는 형식인데 60년대 후반에 우리나라에서도 도입하여 활용함으로써 활자 하나하나를 화공들의 손에 의하던 작업에 종지부를 찍게 되었다.

그러나 사진식자기의 역할도 90년대 초 컴퓨터의 등장으로 다시 역할의 주인공이 바뀌게 되고 루발린이 추구했던 활자의 디자인도 21세기에 들어서면서 퍼스널 컴퓨터에 그 자리를 넘기게 된다. 이러한 환경의 변화는 그동안 자막이나 셀 애니메이션 작업마저도 애니메이터의 손을 떠나 컴퓨터에 그 자리를 넘기고 말았다.

"디자이너"라는 명칭이 상용되기 이전에
소위 "도안사"나 화공들에 의하여 제작된 잡지의 표지.
잡지의 목차는 물론 본문의 제목
심지어는 컬러인쇄 원고에 이르기까지
화공들의 손을 거쳐야 가능했던 시기이다.
〈신태양 5월 창간호 출처: 한국잡지백년 3〉

05

인쇄매체의 본격적인 컬러화 작업과
캘린더 제작

인쇄매체의 핵심이 되는 컬러인쇄 분야는 1955년 삼화인쇄소의 김채홍이 서독에서 6개월 연수하고 귀국, 동판원색인쇄를 출력함으로써 새로운 전기를 맞게 된다.

인쇄매체의 기본인 활자는 1957년 인쇄미술 전문가 최정호에 의하여 '명조체'와 '고딕체'가 개발되어 동아출판사를 통하여 '새 백과사전'과 '세계문학전집' 등을 출간함으로써 기존의 수제 도안이나 활자조판을 대체할 수 있게 되었다.

이러한 연관 산업의 발전적 변화는 디자이너들의 이미지 제고와 더불어 제작물 퀄리티를 높이는 데 결정적 뒷받침이 되어준 것이다. 최정호는 다시 70년대 초에 사진식자기 전용 활자를 국내에서 독자적으로 개발 보급함으로써 도안사로부터 디자이너 시대로 전환되는 결정적 전환점이 되었다.

인쇄원고의 절대적 요소인 상업용 정사진은 1959년 9월 김한용이 충무로에 '김한용사진스튜디오'를 개설하고 컬러사진 현상실도 함께 운영함으로써 광고사진의 새로운 비즈니스 시대를 열게 된다. 뒤를 이어 개설한 이용정, 한영수, 문선호 등이 각자의 개성을 표방하고 70년대 광고사진업계의 주축으로 활동하게 된다.

이 시기에 기업 홍보용으로 매년 연말연시를 전후하여 캘린더를 제작 무상으로 배포하였는데 특히 OB맥주에서는 1964년부터 김지미 이민자 태현실 엄앵란 신영균 남석훈 김진규 등의 인기인을 등장시켜 최고의 인기품목이 되었다.

다음해인 1965년에는 그래픽디자이너 권명광이 우리나라 최초의 한일은행 일러스트 캘린더를 제작, 눈길을 끌기도 했다. 대한교육보험 회사에서는 365일 일력 그리고 국내 저명 화가들의 스케치를 활용한 주력을 제작하여 KBS-TV에서 주최하는 캘린더 콘테스트에서 대상을 수상하기도 했다.

06

영상제작의 서막이 열리다

우리나라 최초의 영화관이 설치된 것은 한미전기회사에 의하여 1906년 동대문에 설치된 활동사진 관람소로 전해진다. 연이어 광무대, 장안사, 단성사 등이 등장하고 마침내 순수 한국영화가 제작되어 예술의 경지로 끌어 올렸다는 라운규의 〈아리랑〉이 1926년 발표되면서부터 우리나라 영화산업의 새로운 출발점이 된 것으로 추정된다. 유감스러운 것은 당시의 기록을 전혀 찾아볼 수 없어 어떤 방식으로 어떻게 제작에 임하였는지는 알 수가 없다는 점이다.

영상은 기본적으로 35mm, 16mm필름으로 제작되는 작업이고 타임의 길이는 1초에 24프레임으로 정해져 있다. 24프레임 이하로 촬영된 영상은 저속촬영영상으로 24프레임 이상으로 촬영하는 영상은 고속촬영으로 구분된다. 컬러영상은 KODAK필름에서 1935년 코닥크롬을 개발하여 사진영상을 발표하면서 컬러의 세계로 진입하는 결정적 역할을 하게 된다.

1960년대 초까지는 초의 감각을 추정하여 수동으로 돌려 촬영하는 기자재를 병행하여 활용하였지만 한국전쟁 이후 미군으로부터 전해진 배터리 충전방식의 기자재로 교체되면서 영상의 안정감도 동시에 이루어졌다.

그러나 열악한 환경에서 부족한 예산으로 작품을 만들려다 보니 새로운 기자재가 아닌 허리우드에서 수명을 다한 폐기물을 수입하여 활용하는 형편이었고 영상작품의 퀄리티를 좌우하는 컬러현상소도 1960년 창립한 아그파현상소가 전부여서 그나마 영상제작은 정부 기구를 비공식적으로 활용하는 처지였다고 한다.

1963년 영상작업의 원활한 진행을 위하여 공보부가 직접 컬러현상소를 설치, 운영한 것도 의아한 일이지만 외부작업은 일체 사절하고 정부 시책에 따른 문화영화 제작에만 활용하였다고 하니 당시의 상황을 짐작할 수 있을 것이다.

1926년 "아리랑" 영화를 제작 발표한
연기인이자 영화감독인 라운규
우리나라 영화관련 이야기 속에선
빼놓을 수 없는 거장이기도 하다.

07

CF(Commercial Film) 프로덕션의 등장

　1965년 우리나라 최초의 영상광고 제작전문 프로덕션인 한일기획이 배승남(추남)에 의해 설립되고 1966년 김영일의 K프로덕션, 1968년에는 TBC-TV 음악 프로듀서 출신인 손정철이 Q프로덕션을 설립, 새로운 광고영상 비즈니스 시대의 서막을 열었다.

　한일기획의 추남은 극영화업계 카메라 출신으로 나름대로의 크리에이티브 감각이 뛰어난 감독이었다. 호남정유 〈별표 백등유〉, 일동제약 〈아로나민〉 광고는 미국의 클리오와 일본의 ACC등에서 작품상을 수상하는 우리나라 최초의 영광을 안게 되고 특히 일동제약 〈아로나민〉의 '의지의 한국인' 시리즈는 1971년부터 4년간 이어진 장기 캠페인으로 다양한 직업군들이 출연하여 화제를 모은 작품이기도 하다. Q프로덕션은 당시의 대형 광고주인 동양맥주의 OB맥주, 동아제약의 박카스 CF로 단기간에 그 명성이 널리 알려지게 된다.

　5~60년대 광고 제작물에는 그야말로 저작권법의 무법천지였다. 외

국잡지에서 인물이나 멋있는 사진을 오려내어 활용하거나 부산으로 내려가 여관에 머물면서 일본지역 방송에서 나오는 광고를 도용하는 일이 허다하였다. 당시에는 글로벌 방송이나 녹화에 의한 영상 교류가 어려워 남의 것을 도용했다 해도 1년여가 지나서야 들통이 나기 때문이다. 1969년 종합광고대행사 만보사를 필두로 국내 대기업이 글로벌 광고주의 광고대행 비즈니스에 참여하면서 이런 일은 사라지기 시작했다.

초기에는 전문프로덕션의 부족현상으로 광고대행사에서 자체 팀을 구성하여 제작에 참여함으로써 광고대행사 자체 제작팀과 프로덕션 간의 경쟁으로 이어졌지만 1980년대에 진입하면서 TV광고의 인기가 치솟자 대행사에 근무하던 감독들이 대거 독립 프로덕션을 만들어 대행사와 선의의 경쟁을 벌이게 된다.
이런 현상은 1980년대 중반 제일기획이 외주 위주로 전환하면서 경쟁의 시대에서 협력의 시대로 전환되었다.

08

본격적인 광고대행사의 등장

5.16 군사혁명 후 무려 1,567개의 정기간행물이 344개로 정비되고 1961년 KBS-TV와 서울MBC-라디오가 개국을 하면서 전파매체의 새로운 세계가 열리기 시작했다.

연속드라마를 즐기기 위해 TV가 있는 집에 저녁마다 이웃이 모여들더니 마침내 1963년 TV 보유대수가 34,774대로 늘어나게 된다.

연이어 DBS-라디오가 1963년에, TBC-TV 및 TBC-라디오가 1964년에, MBC-TV와 라디오가 1969년에 개국함으로써 신문, 잡지, TV, Radio를 아우르는 소위 4대 매체 전성기의 서막과 함께 광고제작의 새로운 세계가 열리게 된다.

군소 광고대행사로 활동하던 애드코리아(1958), S/KAssociates(1965)가 있었지만 학계에서는 1967년 OB그룹에서 출발한 '합동통신사 광고기획실'을 우리나라 최초의 광고대행사로 보고 있다. 그러나 합동통신사 광고기획실도 당시의 체제나 인적구성 등을 살펴보면 OB맥주의 선전파를 미래지향적 관점에서 통신사로 이전한 것으로 보는 것이 타당할 것이다.

　우리나라 광고대행사의 본격적인 첫 출발은 동아일보와 두산그룹이 공동 투자하여 1969년 1월 1일 탄생한 (주)만보사로 보는 이유도 여기에 준한 것이다. 국제적인 광고대행사 체제로 기획부, 조사부, 매체부, 제작부를 두고 재무부와 주일본 영사, 대통령비서실장 등의 경력을 지닌 이재항 사장 주도하에 임원 및 사원이 일체가 되어 광고에 대한 전문지식과 강도 높은 교육을 매주 실시함으로써 후에 광고사관학교라는 별명을 얻게 되는 시발점이 된 것이다.

　이 시기에는 광고주 자체에 광고과 또는 선전부서가 있어서 인쇄매체 및 POP(Point Of Purchase)에 연관된 모든 제작물은 자체에서 기획 제작 발주하는 시스템이었다. 또한 광고대행사에서도 광고에 연관된 모든 제작물을 자체 제작 시스템으로 출발하는 것이 일반적이었지만 TV매체의 제작물은 제작과정의 특수성 때문에 외부 전문가에게 의존할 수밖에 없어서 광고주를 상대로 대행사와 제작사가 동시에 수주경쟁을 벌이는 시기이기도 하다.

09

1968년 여름, 통혁당 사건에 휘몰리다

1962년 여름 제대 후, 서라벌예대를 졸업하고 홍익대 3학년에 편입되면서 대한항공공사(대한항공 전신) 선전과와 대한교육보험(교육보험 전신) 홍보실에서 시간제 근무를 하면서 아르바이트 업무로 매일 바쁜 작업을 하며 보내던 시기였다. 교보에서 사내신문을 함께 제작하던 노종호란 친구의 권유로 4.19세대의 학술연구모임인 '동명학술회'에 회원으로 가입하게 된다. 이 모임은 후일 명동과 광화문의 '학사주점' 주체가 되었고 '금요회'라는 명칭으로 오늘에까지 이어오고 있다.

광화문 '학사주점'을 거점으로 생활해 오던 필자는 당시 새롭게 시행된 예비군 훈련 이수문제로 편의상 당시의 주점의 운영주체이던 이문규 회장의 주거지에 동거인으로 신고를 하고 활동하였다.

문제는 이 회장이 통혁당 사건의 주체로 수배 중이었기에 나에 대한 의심이 부풀려진 것이다. 관계기관에서는 주범자와 동거인인 데다 근무지로 찾아가면 매번 허탕을 치게 되고 언제 올지 모른다는 답변으로 일관하여 전형적인 도피 전문가로 인식, 통혁당 사건의 주범 중 하나라고

의심하게 되었던 것이다.

대한항공공사 선전부에서 윤석태가 잡혔다고 연락을 받은 남산 스태프들이 손뼉을 치며 만세를 불렀다니 당시의 나에 대한 의심의 도를 짐작할 수 있었다.

반공이 국시의 제1목표인 당시에 2박3일간 신문을 받으면서 모든 희망을 포기하여야 하는 지경에 이르렀지만 다행스럽게도 신탄진 디자인의 결과와 동료들의 도움을 받아 무혐의로 풀려나게 된다. 나는 당시의 책임자가 마련한 단독 면담에서 처음으로 제품화된 신탄진 담배를 접하게 되었고 그 자리에서 디자인 구성에 대한 의미를 당시의 정부 정책과 연결시켜 온갖 아부를 떨고 풀려난 것이다. 지금 생각해 보아도 소름이 끼치는 사건이 아닐 수 없다. 아직도 당시의 과장이 내게 준 마지막 말이 생생하다.

"상업 디자이너는 자본주의 앞잡이야. 상업 디자이너는 우선적으로 인민재판을 받는다는 거 알고 있지?"

그리고 나를 데리고 온 수행원에게도 한마디 한다

"이봐 이 친구 내보내!"

남산을 내려오면서 내 눈에 비친 서울의 밤하늘, 밤하늘의 별들이 그렇게 아름다운 줄 새롭게 느꼈다.

1967년 연말에 김동선광고미술연구소에서 출품한
신탄진 담배 팩키지 디자인이 정부 공모전의 당선작이 된다.
다음해인 1968년 여름, 통혁단 사건에 학사주점 회원이 연루되어
모두가 남산으로 불려가 수모를 당하는데 자본주의 상징인
상업디자이너 라는 직업 그리고 정부 디자인 공모 당선작가라는
점에서 무혐의라는 행운을 안겨준 작품이기도 하다.

10

보이지 않는 영창생활

시간과 경쟁을 하며 일을 해야 하는 나에게는 매일 새로운 아이디어를 만들어내야 하는 중대한 과제가 쏟아진다. 주제에 의한 전략을 짜기 위하여 현장을 찾아야 하고 여기에 어울리는 아이디어를 만들어 약속된 시간에 제시를 해야 하는 아르바이트 작업인 것이다. 그런데 순조롭게 진행되던 이러한 작업들이 엉망이 되어버리고 만 것이다.

남산에서 풀려나면서 보이지 않는 포승을 당한 것이다. 매일 일정한 시간에 주어진 전화번호로 전화를 걸어 이상 유무를 보고하라는 명을 받은 것이다. 요즘처럼 휴대전화도 없는 열악한 환경에서 공중전화나 사무실 전화로 그것도 일정한 시간에 전화를 걸어야 하는 일은 나를 완전한 바보멍텅구리로 만들어가는 굴레였던 것이다.

눈만 뜨면 약속이고 뭐고 시계만 쳐다보고 살게 되는 데다 그것도 하루 이틀이 아니고 언제 끝날지 모르는 상황에서.

이 같은 영창생활은 1968년 8월에 터진 사건이니 자그마치 3개월여가 지난 11월에 가서야 해제되었다. 내게 있어서 이 기간은 그야말로 감옥보다 더 괴로운 하루하루가 되어 나를 괴롭혔던 것이다.

나는 통혁당 사건을 계기로 새로운 결심을 하지 않을 수 없었다. 당시에는 나의 신분을 보장해주는 그 어떤 신분증도 없던 시기라 신분을 보장해 주는 직장인이 되기로 결심한다. 1969년 3월 1일 동아일보사와 OB 맥주가 공동 투자하여 설립한 광고대행사 '주식회사 만보사' 제작과장으로 입사한 것이다.

입사를 하고 보니 대한항공공사 선전과장이었던 유철종이 AE로서 영업부 부장으로 앉아 있었다. 그는 공군 장교 시절부터 브레인스토밍과 수평적 사고의 이론과 크리에이티브 활용에 능한 인재로서 아마도 선전과 근무시절 함께 일하면서 느낀 궁합이 아쉬워 나를 불러들인 것이었다.

허지만 월수입은 당연히 반으로 떨어지고…….

11

컬러 광고의 세계로 진입하다

우리나라 최초로 원색제판에 도전한 사람은 이시영 씨다. 일제 강점기에 사진제판 업무를 일본인이 독점하면서 한국인의 접근을 차단하였기 때문에 우리나라 출판업계는 6.25 이후까지 인쇄 및 사진제판에 따른 시설과 전문가가 전무한 상태였다.

1950년대를 전후하여 바깥세상은 흑백 인쇄에서 컬러 다색인쇄로 바뀌는 급진적인 추세에 있었던 것이다. 이러한 현실을 직시한 이시영 씨는 독일에 자비 유학을 하여 제판부터 인쇄에 이르는 전 과정을 이수하고 귀국, 1967년 LSY원색제판연구소를 설립한 이 분야의 선구자이자 인쇄제판 전문업체이기도 하다.

1970년대에 진입하면서 광고사진의 급격한 성장과 함께 광고대행사가 그룹회사에서 경쟁적으로 만들어지고 신문 잡지 라디오 TV등의 4대 매체와 유일한 컬러매체인 극장매체의 역할이 클로즈업되기 시작한다.

당시의 영화업계 수준은 허리우드에서 수명을 다하고 폐기된 기자재와 에말존넘버로 폐기된 필름 등을 수입하여 촬영에 임하는 수준이었고 현상소 실력은 테스트 결과 합성원고의 레드컬러가 자주색으로 바뀌는 정도였다. 말이 컬러지 소위 말하는 청계천 수준이었다.

당시 전문가의 자문을 통해 얻은 기막힌 내용을 소개하면, 필름 제조사의 전용처방에 따를 수가 없어서 코닥, 아그파, 후지, 사쿠라필름 등의 공통분모를 찾아 적당히 색을 재현시키는 수준으로 현상액을 처방한다는 것이다.

광고에서는 기업의 로고와 제품 컬러가 절대적인 것이어서 특히 코카콜라 광고에서는 내용이 아무리 좋아도 제품과 로고컬러에 조금이라도 이상이 있으면 송출할 수 없을 정도로 엄격하다. 당시의 판단으로 연관산업 시설을 그대로 활용할 수는 없어서 대체 아이디어를 찾은 것이 유리판에 인쇄한 실크프린트 판이었다. 로고와 마크를 유리판에 크기별로 인쇄하여 이를 렌즈 앞에 놓고 제품이나 인물을 촬영하는 방법으로 현실을 커버하였다.

필름영상의 합성작업인 옵티컬 작업은 끝내 정상적인 수준에 도달하지 못한 채 영상합성은 VCR작업으로 전환되고 말았다.

12

광고쟁이에 대한 사회적 인식

1970년대 당시 광고쟁이들에 대한 사회적 인식이 어느 정도인지를 짐작케 하는 실화 하나를 소개한다.

우리나라 최초로 미국에서 광고학을 전공하고 돌아온 김염제 박사가 신입사원으로 만보사 기획부에 입사를 하게 되고 얼마 있지 않아 결혼을 하게 되어 양가의 상견례가 있었다. 이 자리에서 장인 될 분이 사윗감에게 직장에 대한 이야기를 꺼낸 것이 화제가 되었다.

"지금 어디서 일을 하고 있는가?"
"네 지금 만보사라고 하는 광고대행사에서 일을 하고 있습니다."
"광고라고?"

광고라는 말을 듣자마자 장인 어르신께서 혀끝을 차면서 하시는 말씀.

"쯧쯧쯧 지지리도 공부를 못 한 모양이군."

국무총리까지 배출한 대구의 엘리트 집안 출신인 데다 광고학박사로 오랫동안 한국광고계의 발전을 이끌어올 인재를 보고 공부를 못 한 총각이라니 참으로 어이가 없는 말씀이셨다. 그래도 사윗감으로 받아주셨으니 그나마 다행스런 일.

일반적으로 광고쟁이 하면 신문사의 광고 페이지를 팔러 다니는 소위 스페이스 판매자로 특별한 전문지식 없이도 신문사 이름을 업고 활동할 수 있는 직업인으로 인식되어 있는 데다 학문적으로나 산업적으로도 그 중요성이 미약하던 시기였다.

1960년대 후기에 진입하면서 신문, 잡지, 라디오, TV 등 4대 매체의 붐이 일기 시작하고 1970년대에 글로벌 기업의 광고가 국내에 집행되면서 광고에 대한 인식이 긍정적인 방향으로 바뀌기 시작한다. 연이어 1980년 방송의 컬러화 그리고 88서울올림픽을 전후하여 국제경쟁력을 갖추게 되면서 1990년대에 들어서서는 '광고고시'라는 유행어를 낳을 정도로 사회적 인식이 바뀌게 된다.

그러나 21세기 접어들면서 4대 매체의 위력이 급격히 약화되고 다매체 시대로 전환되면서 광고인의 위상은 다시 한 번 고비를 맞게 되었다. 영상광고도 특수제작 분야라는 고비가 풀리고 누구나 손쉽게 영상을 만들 수 있는 환경으로 바뀌면서 새로운 활로를 모색하여야 할 전환점을 맞는다.

13

코카콜라와의 인연

만보사 입사와 함께 나는 코카콜라 담당 CD로서 크리에이티브 책임자로 일하게 되었다. 코카콜라 광고는 맥켄에릭슨 월드와이드에서 주관하고 각 나라마다 대행사가 지정되어 협업을 해나가는 형태다. 우리나라는 1967년도부터 TBC-TV 내에서 현대기획이란 사명으로 광고대행을 주관하다가 1969년 말, 국제광고대행사로서의 면모를 갖춘 만보사에 이관되어 본격적인 광고 캠페인을 전개하게 된다.

정확한 시기는 몰라도 만보사 입사 전 당시 코카콜라 코리아의 부사장이었던 민재익 씨의 이야기로 알게 된 후일담이 하나 있다.

민 부사장 입장으로서는 한국코카콜라의 여러 가지 제작물에 대한 전문가의 도움이 필요했던 상황이어서 공군장교 출신이자 나와 친분이 있는 심수명 씨에게 아티스트 한 명 추천을 부탁하여 자리를 같이하게 된 사람이 바로 나였다. 당시 프리랜서로 여기저기 일만 하고 다녔던 내 후줄그레한 작업복 차림의 모습을 보고 민부사장 왈.

"모습을 보아선 아티스트 느낌이 오지 않는데?"

이 말을 듣게 된 심수명 씨는 사전정보를 주지 않고 그 자리에 참여시킨 나에게 더 이상의 이야기를 진전시키지 않고 차 한 잔 하는 자리로 마무리를 한 것이다.

아뿔싸, 어찌된 일인지 민재익 부사장이 만보사 사장실에 나타난 것이다. 코카콜라 담당 스태프를 소개하는 자리에서 자기가 거부한 크리에이터를 다시 만나게 된 것이다. 민 부사장이 오랫동안 함께 일하면서 만나면 하시는 말씀.

"나는 사람 볼 줄 모른다고 핀잔을 주어 그 이후로는 인사 면접을 안 하기로 결심했습니다, 하하하."

만보사에 입사하기 전부터 현대기획의 이병인으로부터 도움을 청하는 부탁이 있어서 코카콜라 초기의 포스터로부터 각종 인쇄물의 디자인에 대한 협의에 간접적으로 응하고 있었다는 것을 민 부사장은 모르고 계셨던 것이다. 여하간 사람의 평가에 있어서 외관이 주는 인상도 무시할 수 없는 기준의 하나임엔 틀림없다.

14

고지전략에서 포지셔닝 전략까지

　1960년대 말기부터 1970년대에 들어서면서 대기업으로부터 광고회사 설립에 참여하고, 특히 코카콜라 광고주가 광고대행사 만보사를 통하여 세계적인 광고 전략을 도입 전개함으로써 업계는 새로운 광고환경을 맞게 된다. 잡지 신문 라디오 그리고 비록 흑백이지만 TV의 보급 확대로 4대 매체의 위력 특히 영상매체의 광고가 주목을 받게 된 시점이기도 하다.

　5.16 군사혁명 이후 경제개발 5개년계획이 집중적으로 추진되면서 광고품목도 다양하게 등장하여 같은 품목을 놓고 경쟁을 하게 된다.

　소비자들의 제품선택 기준이 특이한 장점을 갖고 있는 점에 주목하여 소위 세계적인 광고 전략가 로저 리브스의 USP(Unique Selling proposition) 전략을 국내에 도입하여 제품의 특장점을 찾아 광고 전략을 전개하게 된다.

　1970년대 초반에 들어 제품의 내용이나 퀄리티가 유사해지면서 소비자들의 선택기준은 또 다른 측면으로 전개된다. 이왕이면 다홍치마라고 같은 제품이라면 유명 광고주의 제품을 선택하게 되어 매체를 통한 기업의 이미지 제고 광고에 열을 올리게 되고, 여기에 수출을 지상목표로 하는 정부 주도 정책에 편승하여 세계로 진출하는 자사 제품의 이미지 제고에 열을 올리게 된다.

이러한 현상은 광고카피나 표현내용에서 과대 과장 표현이 난무하게 되어 마침내 정부가 주도하는 광고물 사전심의가 시행되어 크리에이티브의 결정적 장해요소로 한국광고계를 수십 년 동안 강타하게 된다.

1970년대 후반부터는 새로운 광고 전략이 등장하게 된다. 소위 내 제품이 설 자리를 명확히 설정하여 시청자들에게 알려주고 절대적인 우위를 유지 발전시키려는 포지셔닝(Positioning) 전략이다.

고지 전략, USP 전략, 이미지 전략, 그리고 포지셔닝 전략으로 이어진 전략의 형태는 1990년대에 들어서면서 큰 변화를 가져오게 된다.

기업들이 제품을 개발하고 소비자들에게 자사제품의 위치를 알려주는 선교육적 형태에서 1990년대에 진입해서는 정 반대의 전략으로 광고주가 소비자들의 요구사항을 찾아 제품을 개발하고 여기에 따른 포지셔닝 전략을 전개하였다는 점이다.

15

브레인스토밍과 수평적사고

공군장교로 퇴역한 후 민영화되기 이전의 대한항공공사에서 선전과장을 지낸 유철종이 만보사 창립과 함께 영업부장 AE(Account Executive)로 입사하여 제작 책임자로 프리랜서인 나를 불러들인다. 크리에이티브 전략 수립에서 죽이 맞는 유일한 짝으로 손발을 맞추어 나가던 내가 없어서 아쉬웠던 것이라 생각한다.

브레인스토밍(Brainstorming)은 미국의 광고회사 BBDO창립자인 알렉스 오스본이 창안한 기법으로 2명 이상의 창작집단이 모여 주제에 대한 아이디어를 자유롭게 제시하고 그 가운데에서 선정하거나 서로 다른 아이디어를 연관시켜 새로운 아이디어로 발전시켜 나가는 방식이다. 이 과정에서 가장 중요한 규칙은 다른 사람이 제시한 아이디어에 대하여 의식적이든 무의식적이든 간에 일체의 비평이나 평가절하 발언을 금기시하는 것이다.

또 다른 하나는 에드워드 드보노(Edward De Bono)의 수평적 사고에 대한 응용이다. 일반적으로 창의성은 퇴행적 고정적 사고에서의 탈피에서 출발한다는 점이다. 쉽게 말하면 고정된 수직적 관념에서 일탈하여 수평적으로 생각을 바꾸어보는 방법으로 창의력을 증진시키는 사고방식이다.

당시의 환경 여건으로 보아 1960년대 말 그 누구도 생각지 못한 창의력 개발에 첨단적인 지식을 소유하고 활용한 그의 능력은 한 마디로 놀랍기 그지없었다.

유철종은 광고대행사에서 1년여 근무하다가 창의력개발연구소를 설립하기 위하여 퇴직하였는데 일반인들은 1983년 KBS-TV의 안국정 PD가 주관한 '이산가족찾기' 생방송에서 이지연 아나운서와 함께 출연자 인터뷰를 진행한 남자 쪽 진행자로 더 잘 알려져 있는 인물이다.

여하간 유철종이 제안한 브레인스토밍과 수평적 사고는 만보사가 크리에이티브 광고대행사로 발전하는 데 일조를 담당하였을 뿐만 아니라 우리나라 크리에이터들에게도 큰 힘이 되어준 것이다.

16

"할똥사징 아이구 강고를 찍는다는 데유~"

1960년대 말, 광고대행사에서 억지로 필름제작을 맡아 처음으로 지방 촬영을 나가게 되었다. 당시만 해도 도로사정이 좋지 않은 데다 자동차도 골골하는 형편이라 촬영지 근처의 진흙탕 길에 자동차가 빠져 움직이지 못하는 일이 다반사였다.

"이봐!, 동네에 가서 헌 가마니 좀 얻어와."
"집에 들어가려고 하니까 대문을 닫아버리는데요."

어찌된 일인지 동네 사람들이 하나같이 문밖을 나오지 않고 그나마 밖에 있던 사람들도 안으로 들어가고 문을 닫아버리는 것이다.
지역의 사정을 알아본 결과는 참으로 난감하기 그지없었다. 어려운 여건에서 영화제작을 하던 극영화 스태프들이 촬영을 마치고는 그간의 비용을 지불하지 않고 야밤에 줄행랑을 치는 일이 허다해서 대포(카메라에 부착한 줌렌즈)만 보면 문을 닫아버리고 숨는다는 것이다.

"우리는요 활동사진이 아니고 광고를 찍으러 온 사람들이에요 그러니까
믿으셔도 됩니다."
"할똥사진인지 강고인지 우리는 몰라유. 가마니떼기 사실려면 800원
주셔야 허는데유 팔건 없시유, 빌려 가실려면 천원주셔유."

참으로 묘한 제안이다. 원가는 800원, 빌리는 데 1,000원.

영화업계는 전국 곳곳에 이루 말할 수 없는 문제를 만들어놓아 새로운
촬영지에서는 체재비용으로부터 현지에서 필요로 하는 모든 경비를 선(
先)지급하는 것으로 협조를 받게 되었다.
광고업계는 제작과정이 영화업계와 유사하다는 이유로 전국 곳곳에
숨어 있던 촬영 스태프에 대한 불신을 해소하는 데 오랜 기간 많은 비용
을 들인 셈이 되었지만 그래도 광고촬영을 통하여 영상에 대한 이미지
개선 효과가 이루어져 다행이었다.

17

3천 피트 필름검증을 불러온 첫 공익광고

우리나라 첫 공익광고는 1981년 9월 9일 한국방송광고진흥공사가 '방송광고향상자문위원회'를 구성하고 동년 12월 5일 "저축으로 풍요로운 내일을"이라는 내용의 공익광고가 KBS 2TV를 통해 방송된 것이라고 한국방송광고공사 홈페이지에 기록되어 있다.

역사적으로 공공광고의 시작은 미국이나 영국의 예에서 볼 수 있는 것처럼 국가적 위기나 사회적 이슈를 의도하는 방향으로 전환시키기 위하여 정부에서 시행하는 일련의 캠페인 활동이라고 할 수 있다.

당시의 영상제작 환경은 예기치 않은 급작스런 컬러 방송으로의 전환에 따라 시설부족, 기술부족, 그리고 예산부족의 대혼란의 시기에 진입한 상태였다. 더욱이 필름의 컬러가 방송의 전파 시스템으로 전환 재생되어야 하는 기술적 문제를 해결하지 못해 어쩔 수 없이 필름의 후속작업을 일본에 의존하는 시기이기도 하였다.

국내에서는 어쩔 수 없이 방송국 시설을 그대로 응용하여 위기를 모면하기는 했지만 컬러방송이라고 보기에는 너무나 미흡한 점이 많아 다른 방법을 찾기에 여념이 없었다.

바로 이러한 시기에 코바코(한국방송광고공사 약칭) 공익광고 실무진들이 세종문화에 연신 들락거리며 공익광고 제작을 부탁하는 것이었다. 대국적인 견지에서 제작을 수주하는 것이 의미가 있다고 보지만 제작 환경도 여의치 않은 데다 제작비로 책정된 금액이 실비의 반도 되지 않으니 모두가 기피하는 수밖에 없었다. 몇 번을 고사하다가 안타까운 마음에 사내 한 팀을 지정하여 서비스 차원에서 제작을 해주라고 명하였다.

시사를 마친 후 제작비 청구를 하는 과정에서 어이없는 일이 벌어졌다. 30초 길이의 영상을 촬영하는데 무슨 놈의 16mm 필름을 3천 피트나 소모하였는지 현물 실사를 해야겠다는 것이었다. 제작비도 제대로 주지 못하는 주제에 5천 피트도 아닌 3천 피트를 검증하겠다니 이는 제작사 불신 위에 도가 넘는 무식의 행위라고 판단되어 뒤집어엎으려다 기술부에 검증을 도와주도록 허락하였다. 검증 결과 3천 피트가 아니라 그보다 훨씬 넘는 필름이 소요된 영상을 보고 멀쑥해진 채 돌아갔다고 한다.

이런 모욕을 당하고도 1982년에 〈통일로 가는 길〉〈면학〉〈검은 손〉〈신뢰사회〉 등 4편을 제작해주고 그 이후에도 매년 한두 편의 공익광고를 제작하였다. 아마도 코바코가 자체 내 창립 10주년 기념식에서 유일한 외부 사람인 내게 정부 포상을 추천해준 것이 공익광고를 통한 봉사가 작용한 것이 아닌가 여겨진다.

1981년 우리나라 최초의
공익광고
"저축장려"
"우리의 소원은 통일"

18

군사정권이 선물한 사전심의 제도

1970년대 유신체제에 들어서면서 연말 배포를 앞두고 있는 제작물에 사전 양해도 없이 풍기문란이라는 죄명으로 작품배포를 금지한다든가 제작물에 X자 내지는 검은 색으로 찌~익 찍 지워놓는 일이 다반사였다. 이런 무지의 심의가 결국 1976년 광고제작물 사전심의의 공식화로 이어진 것이다.

무분별한 비교 광고와 과장표현, 그리고 인체에 의한 섹시 표현 금지 등 사전심의에 긍정적인 면도 전혀 없는 것은 아니지만 심의위원들의 의식수준에 따라 심의 기준이 수시로 바뀐다는 점이 가장 큰 문제였다.

과장과대 표현 금지, 외국어 사용 금지, 장발 및 미니스커트 착용 금지 심지어 카피 부문에서는 한글학자에 의하여 신조어 금지는 물론 한글 표준어만을 사용하여야 한다는 황당한 지침이 내려지기도 했다.

영상제작을 위한 촬영현장에는 이발 도구가 필수 소품으로 준비되어 규정에 위반하는 패션을 현장에서 정리하는 담당자까지 있어야 했다. 한 때는 광고작품마다 사치품엔 "아끼자" 소비재엔 "저축하자" 식품에는 "

과음하지마라" 등등의 공공 표어를 마지막 화면에 강제로 삽입하여야 하는 일까지 벌어졌다.

공공기관에서 공공 캠페인을 전개하면 손쉬운 문제들을 남의 광고에 더부살이로 해결하려는 관계자들의 광고에 대한 이해 부족에서 일어난 일들이었다.

이런 심의제도가 1970년대부터 노태우 6.29 선언 직전까지 이어오면서 우리나라 크리에이터들의 뇌리 속에는 아이디어 전선에서 심의규정이 고착화되는 현상이 일어나고 말았다.

"이거 심의에 걸리지 않을까?"

아이디어의 참신성보다 심의를 걱정해야 하는 참으로 안타까운 현실에서 우리나라는 글로벌 크리에이티브 디렉터가 배출되기 어려운 소위 우물 안 개구리 세상이 되어버린 것이다.

그것도 아주 오~랫동안!

19

흑백에서 컬러의 영상세계로

1980년 12월 우리나라 최초로 방송의 컬러화가 실현되었다.

흑백으로 일관하던 방송이 언론 통폐합과 공영화를 명분으로 아무런 예비 고지도 없이 순식간에 바뀌어버린 것이다. 연이어 발표된 더욱 당황스런 내용은 다음해 3월 1일부터 모든 프로그램과 광고를 컬러화 한다는 내용이었다. 추정컨대 흑백으로 방송된 시스템을 스위치만 돌려 컬러로 전환한다는 단순한 생각으로 내려진 조처로 보인다.

참으로 어이가 없는 조처라 아니할 수 없었다. 왜냐하면 컬러의 전환방식이 테크니컬 컨트롤 룸에서 스위치만 돌려 재현시킨다 해도 실제로는 컬러의 재생방식이 근본적으로 다르기 때문에 기존의 방식에서 충분한 테스트 기간이 필요했던 것이다. 화학적 처리방식으로 재생된 필름의 컬러를 광학적 처리방식인 VTR 시스템으로 전환하기 위해서는 준비과정부터 촬영방법, 그리고 마지막 방소용 테이프 작업에 이르기까지 모든 조건이 바뀌어야 하기 때문이다.

급격한 변화에 대응하기 위하여 해외연수나 세미나 등을 통하여 문제를 해결하려고 노력했지만 어쩔 수 없이 4년여 방송국 시스템을 이용하는 수밖에 없었다. 그러나 이마저도 시청자들의 눈높이를 맞추기에는 너무나도 거리가 먼 저속한 화질이라 지속할 수가 없었다.

제작업계는 올림픽을 앞두고 국제경쟁력까지 고려해야 하는 처지에 놓여 그간의 해외 의존도를 낮추고 과감한 테스트에 도전, 마침내 형보제작소의 이성철과 이은덕의 결단으로 영국의 랭크신텔 마크3C(Rank Cintel Mark 3C) 시스템을 도입하게 된 것이다. 필름의 포지티브 영상을 VCR로 직접 녹화하면서 본래의 컬러를 재현시키는 작업이 가능하게 된 것이다. 뿐만 아니라 삼부편집실에서 SONY D-1 VTR 도입으로 아날로그에서 디지털 편집 시스템으로 전환, 업계 전반에 걸쳐 급격한 컬러영상의 퀄리티업(quality up)은 물론 올림픽을 전후하여 전 세계에 하이 퀄리티 영상 서비스가 가능하게 된 것이다.

급격히 상승한 업계의 변화에 후일 일본에서도 자극을 받아 2년 뒤인 1986년 기존의 필름재현 방식에서 텔레시네 시스템인 Film to Tape 방식으로 전환하게 되었다는 내용의 기사가 1987년 5월호 월간지 '커머셜포토'에 게재되었다.

이 기사로 일본의 자존심이 상했는지 NTC시스템 도입과 함께 영상작업의 전면 디지털화로 교체하기 시작했다.

20

프로덕션과 광고대행사의 경쟁시대

경제개발 5개년계획과 함께 TV 보급대수도 1973년 100만대를 넘어서면서 소위 CF프로덕션의 비즈니스와 함께 광고대행을 주 업무로 하는 애드버타이징 에이전시 비즈니스가 본격적으로 등장하게 된다.

1965년 영화계 출신인 배승남의 한일기획을 선두로 CF프로덕션 비즈니스가, 그리고 에이전시 비즈니스는 1967년 OB그룹의 선전부가 이전하여 설립한 합동통신사 광고기획실을 출발점으로 만보사, 제일기획, 연합광고 등 그룹사나 매체사가 참여하는 본격적인 광고대행 비즈니스 시대가 열린 것이다.

1970년대에 진입하여 글로벌 제품들의 전략적 캠페인이 국내에 전개되면서 영상광고 연관 산업의 환경도 급격히 변하게 된다. 특히 1980년대에 진입하자마자 전격적으로 시행된 방송의 컬러화에 적극적으로 대응하기 위하여 일부 광고대행사는 광고주 서비스 차원에서 촬영 스튜디오나 VTR 편집실 등을 사내에 설치 운영하기에 이른 것이다. 1984년 제일기획의 중앙영상과 오리콤에서의 VTR 편집실인 AV센터 설립이 대표적인 사례이다.

그러나 영상제작의 키 포인트는 시설이나 조직의 경쟁이 아닌 마케팅 전략에 의한 크리에이티브 표현전략에서 승부가 이루어지기 때문에 비록 광고주 서비스 차원에서 포스트 프로덕션의 설비가 효과적일지는 모르지만 경쟁사 입장인 외부 프로덕션에서는 비밀유지 차원에서 활용이 절대 불가하다는 점도 엄연한 현실이었다.

TV를 위주로 한 4대 매체의 위력이 증대되면서 그간 대행사에서 영상제작을 담당하던 많은 감독들이 독립하여 프로덕션 비즈니스에 참여함으로써 대행사 입장에서는 신인들로 이에 대응하기에는 문제점이 많았을 것이다. 그리하여 광고대행 업무에서 전문분야는 전문가에 의뢰하는 새로운 경영전략에 관심을 갖기 시작하였다.

마침내 1985년에 발표된 연간 영상광고 제작 편수에서 세종문화가 총 111편으로 제일기획을 추월함으로써 광고대행사 내의 프로덕션 제작 시스템과 시설에 결정적 자극을 주어 그간의 경쟁관계에 종지부를 찍고 협력관계로 전환하는 시발점이 된 것이다.

세종문화는 1985년을 시점으로 법인이 해산되기까지 업계 1위 자리를 단 한 번도 내주지 않았다.

연간 평균 제작편수 130여 편, 연간 평균 시장점유율 10%.

21

칸느 국제광고제에 한국광고계의
위상을 알리다

1987년 말 작업 차 동경에 머무는 시기에 협력사인 토호쿠신샤(東北新社) 이마이 아쓰시(今井志士) CM 본부장으로부터 칸느 국제광고제 참가의 권유를 받고 1988년 5월 처음으로 참관하게 된다. 우리나라에서는 칸느 국제광고제에 관한 정보가 전무한 상태여서 대우전자 마제스타 〈사물놀이〉와 대우로얄피아노 〈물방울〉 등 국내 광고제에서의 수상작을 중심으로 5편을 먼저 출품한 후 일본 제작팀과 합류하여 칸느에 첫발을 디딘 것이다.

칸느 국제광고제는 매년 5월 중순, 프랑스 칸느에서 목, 금, 토 3일간 연속으로 진행되는 페스티벌 행사로 유럽 최대의 광고 축제이자 미주지역의 클리오 페스티벌과 경쟁하는 국제행사이기도 하다.

이틀간, 매일 아침 9시부터 저녁 늦게까지 각 부문별 출품작 전체를 시사하고 시사와 동시에 별도의 장소에서 세계 각국에서 선임된 심사위원들에 의하여 수상작 심사가 진행된다. 마지막 날인 토요일 수상작 발표와 함께 시사회를 끝으로 대단원의 막을 내린다.

해외광고제 수상작은 1968년 김용중 PR연구소에 의하여 일본의 ACC 수상작품이, 그리고 미국의 클리오는 1970년 IAA 한국지부에 의하여 소개된 것으로 기록되어 있다. 나는 그동안 일본과 미국 일변도의 국내 광고시장에서 유럽시장을 포함한 크리에이티브 세계화의 필요성을 절감, 귀국 즉시 칸느 국제광고제에 대한 내용을 상세하게 기사화하여 한국방광고공사에서 발간하는 월간지 '광고정보'에 게재하였다.

한편으로 칸느 국제광고제 집행기구인 '스크린 애드버타이징 월드 어소시에이션' 대표인 허츄엘(Hutchuel)에게 광고정보 잡지의 기사와 함께 심사위원 구성에 대한 나의 의견을 서신으로 보냈다. 그리고 다음해인 1989년 사무국을 직접 찾아가 짧은 영어로 일본은 심사위원이 두 명씩이나 선임되어 있는데 아시아 광고시장에서 2위를 지키고 있는 한국에서 심사위원이 한 명도 없다는 점을 상기시키고 그 자리에서 한국 방문을 요청하였다.

한편으로는 첫 출품에서 수상하게 된 '내셔널 프라이스' 상장을 들고 당시 오리콤 김석년 사장을 찾아가 그동안의 과정을 설명하고 허츄엘 대표의 한국 방문 초청과 한국에서의 칸느 국제광고제 심사위원 선임에 대한 협조를 부탁하게 된다.

1989년 여름, 헛츄엘이 수상작 필름을 갖고 서울을 방문하였다. 나는 칸느 광고제 수상작 시사회 개최와 함께 라마다 르네상스 호텔에서 대행사 사장들을 초청하여 헛츄엘과의 간담회를 주관함으로써 매년 참관단을 이끌고 칸느를 방문하게 되는 시발점이 되었다.

마침내 1990년부터 칸느 국제광고제 심사위원 선출국가가 되었고, 그 첫 번째로 김석년 사장이 선임되어 칸느에 심사위원으로 참여하게 된다.

우리나라는 올림픽을 유치하고서도 어찌된 일인지 동쪽으로만 편향되어
일본과 미국의 광고계에만 초점을 맞추고 있었다
일본 협력사 동북신사의 도움으로 칸느를 최초로 방문,
늦었지만 1988년 첫 태극기를 게양하게 되었고 이를 계기로 유럽 크리에이티브에 대한
새로운 관심을 불러 일으켰다.

22

크리에이터를 바보크리에이터로 만든 제도

　1987년, 우리나라 최초로 출품작 5편을 들고 칸느를 찾은 다음 해인 1988년에 우리나라에선 처음으로 세종문화가 칸느 국제광고제 참관단을 이끌고 유럽의 광고 크리에이티브를 보여주기 위하여 다시 칸느를 방문하게 된다. 이 자리에서 우리나라 크리에이터들의 뜻밖의 모습을 직접 접하게 된 것이다.

　그 하나는 많은 비용을 지불하고 칸느까지 왔는데 행사 첫날부터 각국의 크리에이티브 시사실엔 우리나라 광고인들이 단 한 사람도 보이지 않은 것이다. 모두가 어디로 갔는지 이곳저곳 시사회장을 일일이 둘러보아도 우리 광고인들을 찾을 수가 없었다. 그들이 다시 나타난 장소는 마지막 날 4일째 행사인 수상작 시사회 장이었다.
　해외여행이 어려운 시기에 모처럼의 기회를 광고가 아닌 유럽관광의 시간으로 소비한 것이다. 이들을 위해 프로덕션으로서는 적지 않은 비용을 투자하여 이곳까지 인도했는데, 결과적으로 정말 어처구니없는 광경이 아닐 수 없었다.

　또 한 가지, 부문별 시사회장이 따로따로 있는데 3일간 돌아가면서 시청자 반응을 파악하는 일이었다. 관객들의 반응도 다채로웠다. 좋은 작품은 손뼉을 치며 응원을 쏟아내지만 형편없다고 판단되는 작품에는 여지없이 휘파람과 괴성이 요동친다.
　문제는 마지막 수상작 시사회장에서 반응이 좋은 작품에 대하여 한국인들의 첫 번째 반응이 한결같다는 것이었다.

　"저거 심의에 걸리지 않을까?"

　참으로 어처구니없는 우리나라 크리에이터들의 습관적 사고에서 나온 한 마디인 것이다. 올림픽까지 치른 우리나라에서 전 세계적으로 인정받는 크리에이터가 한 명도 없는 이유를 짐작케 하는 모습이었다.

　1976년부터 사전심의에 들어간 우리나라 크리에이티브 업계가 아이디어를 찾기 전에 심의부터 걱정해야 되는 한심한 환경에 우리는 오랫동안 안주하고 있었던 것이다. 왜 우리는 이런 한심한 환경을 업계에서 존치하고 있는 것일까.
　사전심의제도는 1993 남양유업과 다우우유에서 방송심의 결정에 불복하는 소송을 제기하고 김연호 변호사가 1994년 방송광고 사전심의 위헌을 제소하여 마침내 32년간 지속되어 온 사전심의가 2008년 대법원으로부터 위헌 판결이 나와 자율심의로 전환되었다.
　32년이나 지속되어 온 크리에이터들의 습관성은 언제쯤 사라질 수 있을까?

방송광고사전심의가 시작되고부터
심의의 기준이 심의위원마다 다르고 애매모호하여
크리에이터들은 당황하기 시작했다.
대표적인 한 예로
1975년 시작된 킨사이다의 소비자 인터뷰 시리즈가
방송프로그램보다 더 잘 만들었다는 이유로
시리즈 방영이 중단된 것이다.

23

"여불비(餘不備)로소이다"

합동통신사 광고기획실 제작국장 시절, 그러니까 1975년 남산의 서울예전 연극영화과와의 인연으로 대학에서의 강사 경력이 시작되었다. 세미나 강사 경력은 수차례 있었으나 대학 강의는 처음이어서 자료정리와 연관도서 등을 총망라하여 강의 준비에 만전을 기하였다.

그런데 어찌된 일인지 첫 강의에서 준비된 내용을 절반이나 소모하고 말았다. 나 자신도 참으로 어의가 없는 결과에 너무 놀랐다고 하는 것이 옳다고 보아야 할 터이다. 이 과정에서 학생들과 주제에 대한 서로의 의견을 주고받는 형식이 아니고 요령 없이 준비한 원고만 읽어가는 독백으로 일관한 것이다.

여러 대학에서 출강 요청이 많았기 때문에 무조건 거절하기도 그렇고 하여 순차적으로 출강한 대학의 수강 이력을 보면 다음과 같다.

1975년 서울예전 연극영화과 강의를 시작으로 한양대의 연극영화과, 중앙대의 광고홍보학과, 국민대학교 조형대학의 디자인학과, 서울대학교 미술대학의 산업미술과, 동국대학 언론정보대학원, 서울대학교 미술대 대학원, 서울예술종합대학 영상원 등의 순서로 특수영상제작에 관한 강의 25년, 그리고 경주대학교 커뮤니케이션학부 석좌교수직 10년을 끝으로 대학과의 인연을 끝맺음하였다. 이미 7학년 2반이 되어 있으니 개인적으로는 분에 넘치는 경력이 아닐 수 없었다.

1975년부터 2010년 2월까지 35년 동안 본의 아니게 매년 두 대학에서 강의를 이어갔지만 지금 생각해 보아도 함께한 많은 학생들에게 죄스럽고 미안한 마음뿐이다. 광고작품은 미리 설정된 기간과 시간에 방송국을 통하여 방영되어야 하기 때문에 일정의 우선순위가 제작일정으로 선점되어 어쩔 수 없이 한 학기 동안 결강한 회수가 출강회수보다 많아졌기 때문이다.

4년간의 대학 과정도 10년에 걸쳐 수료하여 동창 하나 제대로 거두지 못하더니 대학 강의도 한 학기 제대로 한 번 채워보지 못하고 물러나는 주제가 된 것이다. 그 기분을 과연 학생들이 이해해줄 수 있을까.

"여러분! 여불비(餘不備)로소이다!"

24

1인 미디어 시대의 새로운 도전

4대 매체의 위력이 사라지고 다매체대에 진입하면서 개개인의 휴대폰 점유율과 함께 1인 미디어의 위력이 점점 커져가고 있다. 과거에 특수 기능인들의 독점적인 영역이었던 영상촬영과 편집, 녹음, 송출 등의 작업이 휴대폰과 함께 일반화됨으로써 누구나 참여하는 대중적인 작업으로 변모한 것이다.

이러한 시점에서 전문인들의 대처방식은 무엇이며 어떻게 대처하여야 할까. 주변을 살펴보아도 아직까지 이렇다 할 결론이나 결과가 보이지 않고 있는 것 같다.

광고인은 모든 문제를 해결하는 데 있어서 첫 번째 과제는 타깃 그룹이 되어 보는 것이다. 우선은 전문가 자신이 일반인 위치로 돌아가야 할 것이다. 아직도 전문가로 자처하며 위상을 멈추고 있다면 시청자가 외면하는 상태에서 헤어나지 못할 것으로 보인다. 과감한 사고전환이 필요한 시점이다.

두 번째 변신은 서로 다른 이질적인 파트너들과 연합하여 브레인스토밍과 수평적 사고를 통하여 새롭게 프로그램을 기획하고 만들어 타깃 그룹과 색다른 커뮤니케이션을 시도해 보는 것이다. 그 결과를 통하여 새로운 영상작품, 새로운 커뮤니케이션의 길을 모색하는 것도 하나의 방법이 될 수 있을 것이다.

21세기의 5분의 1이 지나가고 있다. 전 세계가 코로나19로 경제 문화 사회 환경의 모든 조건이 변하고 있다. 이런 상황에서 광고란 이런 것이다, 커뮤니케이션의 기본은 이런 것이라고 하는 기존의 정석에서 벗어나는 것도 새로운 길을 찾는 필요충분조건이 될 성싶다.

가장 가까운 길은 먼 데 있는 것이 아니라 가장 가까운 곳에 있다는 일반적인 정설을 다시 한 번 생각해 볼 시점이다.

25

미완성의 영상박물관 꿈

    업계의 귀중한 자료가 하나둘 흔적도 없이 사라지는 데 대한 안타까움과 누군가는 이 귀중한 자료들을 모아 후배들에게 자료로 넘겨주어야 하지 않겠는가 하는 생각에서 출발한 것이 영상광고박물관 건립의 꿈이었다.

    세종문화 재직 기간에 하나둘 사라지는 프로덕션의 자료들을 인수하면서 건립 장소를 고향인 괴산으로 정하고 적정장소를 소개받아 본격적인 준비에 들어갔으나 박물관 대지 주변에 현지인들이 폐기물재처리공장을 승인해 줌으로써 공기오염이 심해 사람이 들어서기에 적절치 못한 환경으로 바뀌어 버렸다.

    어쩔 수 없이 다른 장소를 물색하려던 시점에 경주대학에서 제의가 들어와 경주대 총장과 협의하여 본격적인 작업으로 진입하게 되었다. 당시에 경주대학 재단설립자의 품격을 걱정하는 사람들이 극구 만류하기도 했지만 총장과의 합의 문서를 믿고 그대로 밀고 나간 것이다.

    애지중지하던 소장품들을 내주시는 업계의 많은 선후배들과 바쁜 시간을 쪼개어 물심양면으로 성원해주신 많은 광고인들, 그리고 귀중한 자료들의 관리를 제게 맡겨 주신 분들의 큰 뜻이 보태어져 2006년 6월 마침내 개관되었다.

본관 1층에는 인류 문명과 함께 발전해 온 매체의 변천 과정과 한국광고의 150여 년 역사, 그리고 세계의 크리에이티브 비교 전시와 우리나라 공익광고의 발전사 등이 전시되고 2층 전체는 영상광고의 기획에서부터 완성까지의 전 과정을 실물 전시로 소개하고 있으며 그 중에서도 광고주별 촬영현장 축소모형 전시실과 250석 규모의 시사실은 관람객이 가장 관심을 갖는 부문이 되었다. 시사관은 영상시사와 함께 경주 인근의 각종 행사를 위한 임대시설로도 인기가 높았다.

문제는 설립자가 결정적인 덫을 만들어놓고 10년을 기다리고 있었다는 것을 나중에 인지하게 된 것이다. 박물관 자체보다는 박물관 부지인 경주 내동초등학교 부지 일체가 2010년을 기하여 공공기관으로부터 개인재산으로 이전되는 시점에 맞추어 한 마디 상의도 없이 박물관 휴관 조처를 내린 것이다. 석좌교수의 종신계약도 임의로 파기했음은 물론이다. 설립자의 민낯이 보인 것이다. 하는 수없이 법원에 소유권 이전 무효 소송을 제기하고 대법원의 판결 직후 전시물 일체와 수집 보관된 기자재 일체를 회수하고 2013년 물러선 것이다.

개인적 능력으로는 도저히 감당할 수 없는 규모이기에 후처리 문제로 동분서주하고 있는 가운데 부산 국제영화제 집행위원회 이의자 위원장이 경주를 찾아 인수 의사를 밝혀 천만다행으로 존속의 가능성이 보여 무상으로 기증하게 된 것이다. 언제인가는 참여해 주신 모든 분들의 이름으로 새롭게 재탄생될 것을 기대하면서.

2000년 경주대학으로 이적한지 7년여 만에
영상박물관을 완성시켰으나
만 10년이 되는 날을 기하여 설립자가 계약을 파기하고
일방적으로 휴관조처를 취하였다.
설치된 기자재와 수집된 자료 일체를 회수하고
현재는 부산의 이의자 교수에게 후 처리를 위임한
상태이다.

제 2 장

직업에 관한 이야기

꼭 해야 할 일!

해도 그만 안 해도 그만인 일!

해서는 안 되는 일!

01

상업광고 낚시에 걸려들다

1959년 학업을 중단하고 군 입대를 하게 되었다. 다행스럽게도 지도교수님의 소개로 국방부로 발령이 나 서울에서 근무하는 행운이 찾아왔다. 국방부에는 부내에 내무반이 없어서 출퇴근과 함께 주말 숙식을 외부에서 해결하여야 했다. 자연 시간적 여유가 많아 소일거리를 찾다보니 일간신문에 게재된 공모전 광고를 보고 응모를 하게 되었다.

5.16 혁명 직후 건설 업무를 장려하는 포스터 공모에서 당선이 되어 30만 환이라는 거금을 건설부로부터 상금으로 받게 되는데 이것이 계기가 되어 부내에서도 알아주는 사병이 되었다. 마침내 광고라는 작업의 낚시에 걸려들게 된 것이다.

용돈이 부족하면 신문을 뒤적거리며 공공기관이나 단체에서 주관하는 공모전에 응모, 최소한 가작으로라도 선정되는 행운이 지속적으로 이어졌다.

만기 제대를 한 후에는 수상기록에 힘입어 국방부에서 알게 된 많은 선배들의 도움으로 이곳저곳 아르바이트 작업에 열중하게 되었다.

1967년 겨울, '김동선광고미술연구소'에서 근무할 시기에 우리나라 최초의 담배 갑 디자인 공모가 전매청으로부터 공시되었다. 신탄진 공장 준공을 기념하여 '신탄진' 담배 패키지 디자인을 공모한 것이다.

다행스럽게도 당선이라는 영광을 안게 되었다. 백의민족이라는 이미지와 함께 당시 정부에서 추진하는 경제개발 5개년계획이라는 주제를 함축시킨 디자인이었다.

이 작품은 다음 해인 1968년 여름에 터진 통혁단 사건에서 뜻밖에 무혐의로 풀려나는 데 결정적 역할을 하게 되고, 그리하여 본격적인 광고인으로서 정석의 길을 여는 행운을 가져다 준 것이다.

02

제약사 입사시험에서 낙방의 행운이 오다

아르바이트를 하면서 한 해는 돈을 모으고, 한 해는 복학을 하며 학업을 진행하던 중에 상업사진 분야의 대선배인 한국일보 이축길 씨의 추천으로 본의 아니게 제약회사 입사시험에 참여하게 된다. 1960년대 초만 해도 광고 하면 제약회사로 직결될 만큼 절대적인 파워를 갖고 있었기에 밑져야 본전이란 생각으로 H제약회사 광고 디자이너 모집에 응한 것이다.

대학 졸업장도 없이 디자인 전공도 아닌 주제에 신문광고 드라프트 한 점을 제출하고 면접을 치르면서 합격을 기대하기엔 너무나 필요충분조건이 부족하였기 때문에 큰 기대를 하지 않았지만 결과는 역시 낙방이었다. 합격의 영광은 서울 미대 출신에게 주어졌다. 그는 바로 광고계 현업에서 물러나 대학으로 돌아와 서울미대 학장을 끝으로 정년을 맞은 부수언 교수다.

오랜 세월 속에 우연의 일이라고 생각하기엔 너무나 기이한 인연이

부 교수와 나 사이에 이어진다. 우리는 4.19세대로 학술활동을 이어가기 위해 '학사주점'의 멤버로 자리를 같이했고 1982년부터는 서울대학교 미대 산업디자인과에서 10년이 넘는 세월을 학생이 아닌 강사로 그리고 미대 교수 모임인 관미회 회원으로 2000년 초반까지 함께 하였다.

은퇴 후에는 '학사주점'의 후신인 '금요회'를 통하여 지금까지 자리를 같이하고 있으니 제주도 섬놈과 충북 괴산 촌놈과의 인연이 우연이라기에는 너무나 기이하기 그지없다.

제약회사 낙방, 돌이켜 생각해보면 아르바이트 경쟁 속에서 살아남기 위한 과감한 변신으로부터 글로벌 광고대행사의 제작 책임자로, 코카콜라 담당 CD로, 그리고 영상감독의 길을 개척해 가면서 오늘에 이르게 한 영광의 출발점이자 화가의 꿈을 포기하는 결정적 전환점이 된 것이다.

제약회사에 입사하게 되었다면 지금쯤 무엇을 하고 있을까. 아마도 제약 부분의 광고 업무에 한계가 있어 나도 부 교수처럼 오래 지속되진 않았을 것으로 여겨진다.

"부 교수! 내가 화가의 꿈을 포기한 건 당신 때문이야."

03

로저 리브스의『선전술』

군인 신분으로 국방부에서 근무하면서 주말이면 신문광고를 뒤적여 공모전에 응모하는 작업이 부업으로 등장하였다. 부내에서도 나름대로 실력을 인정받아 이러한 결과는 제대 후 아르바이트로 생계를 꾸려가는 데큰 힘이 되어 주었다.

작업의 범위가 프레젠테이션을 위한 차드 작성으로부터 팸플릿이나전단 그리고 매체를 활용하는 광고작업에까지 이르러 내게는 소위 커뮤니케이션의 이론에 대한 전문적 지식이 절대적으로 필요하게 된 것이다.

그 첫 번째 작업으로 서점에서 광고 전문서적을 찾았는데 국내서적은단 한 권도 찾을 수가 없었고, 유일하게 눈에 띈 것이 광화문 외국서적전문점에서 저명한 광고인 로저 리브스의『선전술』이라는 책을 발견하게 된다. 이 책을 들고 일본어에 능통한 친구와 함께 매일 한두 시간씩사전을 찾아가며 읽고 쓰고 외워서 내 것으로 만들어 이를 적극 활용하는 형식을 취하였다.

나만의 방식으로 아이디어를 드라프트 수준으로 만들고 여기에 기획서를 첨부하는 형식을 취한 결과 크리에이티브 경쟁에서 패하는 일이 없었다. 이런 결과로 대한항공공사, 대한교육보험 등에서 하프타임 근무도 얻게 된 것이다.

　광고주를 설득하는 데 있어서 디자이너들의 가장 큰 단점은 작품에 대한 설명은 충분한데 왜 이렇게 만들어야 하는지의 전략에 대한 설명, 소위 전문가들이 말하는 마케팅 전략에 대한 설명이 부족하다는 것이다.
　광고주 임원이나 담당자들을 무식한 사람들로 매도하기 일쑤라는 업계의 여론에 나는 초점을 겨누기로 한 점이 적중한 것이다.
　마침내 새롭게 진출하는 광고업계에서 나에 대한 평판이 긍정적으로 이루어져 우리나라 최초의 종합광고대행사인 '만보사'의 제작책임자로 부름을 받기에 이른 것이다.

04

사측의 낮도깨비 같은 제안

코카콜라 광고주는 연말이면 다음해의 크리에이티브 전략과 이에 따른 크리에이티브 드라프트 작업도 함께 제시하는 프레젠테이션을 요구한다. 특히 4계절을 맞는 컬러광고는 시즌 초기에 집행되어야 하기 때문에 어쩔 수 없이 1년 전에 미리 협의하여 결정되어야 할 사전작업이 된 것이다.

문제는 시즌마다 서울을 찾는 맥켄 측의 AE와의 협의 과정이 문제였다. 맥켄 측 인사들은 표현의 구체적인 터치는 전적으로 나에게 맡기고 광고 전략에 따른 표현전략에 대하여 의견을 개진하는 형식이었다. 가끔은 나의 능력을 테스트하는 의도적인 발언도 있어 보였다.

어느 날 사장실에서 호출이 있다는 이야기를 듣고 내려갔더니 청천벽력 같은 제안이 내게 주어진 것이다. 맥켄 에릭슨 측의 제안도 있고 하니 필름 제작을 맡아달라는 것이었다. 참으로 어처구니없는 제안이어서 한마디로 거절을 하고 나왔다.

"제게 영상제작을 맡기시면 저는 그날로 회사를 그만두겠습니다."

먹고사는 문제가 해결되면 화가가 되겠다는 본래의 세계로 돌아가겠다는 생각을 하고 있는데 엎친 데 덮친 격으로 이제 다시 그래픽이 아닌 새로운 영상의 세계로, 그것도 낫 놓고 기역자도 모르는 영상세계로 들어가라니 아무리 생각해도 이는 받아드릴 수 없는 제안이었다.

후일, 영상제작 업무를 맡아 처리하면서 다시 한 번 맥켄 에릭슨 AE로부터 날벼락 같은 제안을 받았다. 맥켄 에릭슨 미국 본사로 갈 의향이 있으면 추천을 해 주겠다는 내용과 미국에서 활동하는 데 불편이 없도록 조처를 해주겠다는 것이었다.

지난번에는 왜놈들에게 제작을 맡긴다고 해서 순간적인 역 감정으로 답했다가 제작을 받아들이는 처지가 되고 말았는데, 이번에야말로 분명하게 말해야겠다고 다짐했다.

"영어라고는 Yes, No밖에 몰라요, No! No!!"

05

부족해도 우리의 것은 우리의 손으로

영상제작에 관한 업무를 맡으라는 이야기가 있은 후 사장실에서 내게 색다른 오더가 내려왔다. 김포공항에 가서 '브루스'라는 사람을 회사로 영접해 오라는 내용이었다. 그동안 외국인 영접은 기획부서에서 맡아 해왔는데 하필이면 영어 한 마디 못 하는 내가 나가야 하느냐고 했더니 제작에 연관된 사람이니 내가 영접하는 것이 좋겠다는 의견이었다.

팻말을 만들어 입국장에서 기다리고 있자니 짐도 없이 청바지 뒷주머니에 위스키 한 병 덜렁 차고 나타난 사나이가 나에게로 다가왔다.

미스터 '브루스'는 미국의 영상 제작업계에서 알려진 유능한 연출자이자 일본 맥켄 측에 계약되어 몇 년째 일본의 코카콜라 광고를 연출하고 있는 엘리트 연출가였다. 한 작품의 연출료가 당시 우리나라 CF 한 편 제작비 규모인 30만 환이었으니 그의 위치를 가늠할 수 있을 것이다.

조선호텔 라운지에서 그를 접대하면서 생전 처음 위스키를 마시는 즐거움이 있었는데 그로부터 한국에서의 영상 제작에 관한 맥켄 측의 의견을 듣는 긴장된 자리가 되어 술 한 병을 다 비워도 취하지는 않았다.

당시 우리나라에는 추남의 '한일기획'과 손정철의 '큐푸로덕션' 등 2개 제작사가 있고 이곳을 활용하는 데 아무런 문제가 없다고 했으나 그는 고개를 저으면서 이미 본사에서 조사한 바에 의하면 국내 제작은 불가하다는 보고서가 제출되어 있다는 것이었다.

단, 한국시장은 지금 모든 일이 시작 단계이기 때문에 내가 필름을 시작한다면 시장 확산과 함께 영상 수준도 함께 높아질 것이어서 만약 내가 이 제안을 받아들인다면 테스트를 포함한 제작에 따른 모든 비용의 지원을 약속해 주겠다는 것이었다.

"아무리 좋은 조건을 제시한다 해도 나는 영상제작은 하지 않겠다."
"그러면 홍콩이나 일본에서 작품을 만들도록 하는 수밖에 없다."
"일본이요?"

일본이란 말에 놀란 나는 혼자서 중얼거렸다.

"아니 그건 안 되지, 왜놈들이 만든 작품을 우리 것으로 보여주는 건
  더더욱 안 되지."

일제 말기 식민지 교육을 받은 나로서는 일본에 대한 감정이 좋지 않은 상항에서 모든 분야에서 일본이 앞서있다는 현실에 자존심마저 꺾여있는데 그들이 만든 작품을 우리나라 방송에 송출시킨다는 것은 죽어도 용서할 수 없는 일이었다.

그러나 이 감정의 표현 때문에 본의 아니게 영상작업에 첫 발을 내딛는 결정적 순간이 되어 버렸다.

조선호텔에서 밤새 의논을 하다가
우리 광고를 일본이나 홍콩에서 제작하는 수밖
에 없다는 부르스 감독의 말에 순간적으로 흥분,
그건 절대로 안 된다고 한 항변으로
어쩔 수없이 영상제작의 과제를 떠안게 되었다.

06

"감독님이시니까 잘 모셔."

광고영화를 촬영하게 되면서 얻은 또 하나의 신념!
출연자와 연출자 사이는 물론 매니저나 보호자 관계 역시 그 이상도 그 이하도 아닌 평행선이 유지되어야 한다는 점이다.

처음으로 해변에서 뛰노는 젊은이들을 촬영하기 위해 부산 해운대로 떠나는 길이었다. 마침 잘 아는 선배 사진작가가 여자 모델을 한 사람 추천해 주면서 한 마디 던져준다.

"야, 감독님이시니까 잘 모셔."

일상적인 인사로 하는 말이거니 생각한 내가 참으로 순진했던 모양, 그 순간부터 촬영이 끝날 때까지 그녀는 지나치게 내 옆을 떠나지 않으며 민망할 정도로 과잉 친절을 베풀고 있었다. 처음에는 나와 사진작가의 사이를 이해하는 정도에서 참고 있었는데 문제는 촬영 현장에서 벌어지고 말았다.

주인공 외에 여러 명의 출연자가 있으면 연출자는 각자의 위치를 지정해주게 마련이고 액션을 취하기 시작하면 움직이면서 대열이 자연스럽게 흐트러지게 된다. 그런데 그녀는 큐 액션이 떨어지자마자 대열을 허물고 맨 앞으로 튀어나오는 것이다. 그것도 한두 번 지적을 당한 후에도 변함없이.

"이년이 미쳤나? 자리를 지켜! 아예 뽑아버리기 전에."

나의 뜻을 알아차리고 고분고분해진 후에야 촬영을 마치게 되었다. 만약 내가 그 모델에게 조금이라도 약점을 잡혔더라면 내가 뜻한 대로 과연 그 촬영을 무사히 마칠 수 있었을까 새삼 되새겨본다.

광고주 시사가 끝나면 많은 관련자들로부터 감사의 인사를 받게 된다. 이 일이 있은 후 나는 항상 좋은 작품을 만드는 데 역할을 충분히 잘해준 것에 대해 내가 감사하다는 회답으로 일관한다.

나는 많은 후배 감독들에게도 항상 이렇게 이야기한다

"출연자들이나 출연자와 연관된 관계자들과는 여하한 경우에도 사적인 자리를 같이해서는 안 된다. 부득이한 경우 자리를 같이하게 되면 그 비용을 직접 지불하도록 하라. 회사가 책임을 질 것이다."

출연자와 연출자 사이는 출연시켜준 감독의 선택에 고마워하기보다 내 작품에 참여해준 것을 고마워하는 마음이 정도일 것이다.

07

"이봐요! 연출 좀 똑바로 하세요."

　프린트 미디어의 제작물에 익숙해진 나 자신이 전혀 예비지식조차 없는 영상에 접근하기란 그야말로 맨땅에 대고 헤딩하기와 다름없는 일이었다. 문제는 이 분야에 선배도 없고 협의해볼 만한 업소도 없어 하나에서 열까지 스스로 모든 것을 개척정신으로 풀어 나가야 한다는 점이었다. 더더욱 신경이 쓰이는 것은 나를 응원하고자 내한한 맥켄 에릭슨의 브루스 감독이 현장 멀리서 이 상황을 지켜보고 있다는 것이었다.

　감독은 영상의 앵글로부터 출연자의 위치와 움직임 그리고 액션의 연결 장면까지 세세하게 지정해주어야 하는 절대적인 책임이 주어지는 것이다. 스태프들의 위치만 정해준 첫 촬영현장에서 각자 알아서 움직이려니 생각한 나의 생각에 일격을 가하는 순간이 다가온 것이다.

　연출자인 나로부터 아무런 지시가 없자 답답해하던 카메라맨이 출연자에게 연기를 지시한다. 그러자 옆에 있던 또 다른 사람이 어떻게 하는 것이 좋겠다고 의견을 제시한다. 카메라 앞에 서 있는 연기자 입장에서

는 누구의 지시를 받고 연기를 해야 하는지 지금 벌어지고 있는 상황이 한심한 작태일 수밖에 없었을 것이다

내가 어찌할 바를 모르고 생각에 잠겨 있는 사이, 갑자기 출연자가 나를 향해 손을 뻗으며 한 마디 한다.

"이봐요, 연출 좀 똑바로 하세요!"

감독이라는 자가 그 많은 스태프 앞에서 출연자로부터 역으로 직격탄을 맞은 것이다. 내 꼴은 푸욱 삶아진 홍당무가 되어 버렸다.

그러나 이 사건을 계기로 영상에 관한 새로운 지식을 바닥부터 긁어모으기 시작했고 영화배우 방희 양이 던져 준 한 마디, "연출 좀 똑바로 하세요!"라는 말은 한 평생 나의 작품세계에서 항상 현수막처럼 내 앞에 걸려 슬로건으로 나타나곤 하였다

"Yes! Do it right now!"

08

선배님은 어디 출신이십니까?

1969년 3월, 우리나라 최초의 국제적인 규모와 시스템으로 출발한 광고대행사 만보사의 제작과장으로 입사했다. 프리랜서에서 수입이 반으로 줄어드는 월급쟁이로 전환한 것은 1968년 '통혁당 사건'으로 중앙정보부에 불려가 혹독한 시련을 겪으면서 신분을 보장받기 위해서였다.

입사 후 능력을 인정받아 1년에 두 차례씩 고속 승진을 하게 되면서 업무량도 급격하게 늘어 휘하에 간부사원들이 여럿 포진을 하게 되었는데 그 중 한 간부가 저녁 술자리에서 느닷없이 내게 시비를 걸어온 것이다.

"부장님은 도대체 어디를 나오셨습니까? 아무도 아는 사람이 없으니….".

1958년, 서라벌예술대학에 입학하여 홍대를 거쳐 1968년 중앙대에서 졸업장을 받기까지는 군 경력을 포함하여 10년이 걸린 셈이다. 한 해는 돈을 벌고 한 해는 대학을 들락날락하면서 학사모를 쓴 우두머리로서는 가까운 동창을 만들기란 그리 쉽지 않은 상황이었다.

"저는 부장님 밑에서 일하고 있는 것이 창피합니다."
"!?"

나와 함께 일하는 것이 창피하다니 그야말로 견디기 힘든 모욕적인 말이었다. 나는 잠시 머뭇거리다 설명 대신 웃으면서 제안을 했다

"당신은 디자인 전공이고 나는 회화 전공이니 우리 둘이서 내일 아침에 선 긋기 내기를 합시다. 내가 이기면 당신이 사과를 하고 당신이 이기면 내가 물러나도록 하지요."

누가 더 일정한 선을 만들어내는가의 테크닉 비교작업이었기에 나로서는 당연 불리한 조건일 수밖에 없는 제안이었다. 그는 나의 제안에 쾌히 동의한 후에 헤어졌다. 다음날 아침 출근하여 선 긋기 준비를 하고 있는데 시비를 건 당사자거 나타나자마자 내 책상 옆으로 와 무릎을 꿇는 것이었다.
이 일은 술 한 잔으로 넘겨버렸지만 내게 또 다른 의미를 심어준 사건이었다. 평생토록 삼엄한 경쟁 속에서 살아남으려면 출신이나 지역, 인맥, 그리고 소위 "빽"이라는 존재에 의존할 것이 아니라 철저한 실력으로 맞서야 한다는 사실을 다시 한 번 각인시켜준 셈이다.

09

왕따는 어린이들의 전용물이 아니다

아이들의 세계에서 종종 왕따가 사회적 문제로 떠오른다. 왕따는 어린이나 젊은 학생들만의 전용물인가. 아니다! 어른들의 세계에서도 왕따 작전은 흔하게 일어난다. 다수의 사람들이 한 조직에 속해 있으면 끼리끼리 모이게 되고 끼리끼리 모이면 남의 이야기도 자연스럽게 터져 나온다

"쟨 안 되겠어."
"쟨 문제가 많아."
"쟤 때문에 미치겠어."

이야기하다 보면 이상하게도 한 사람의 표적을 만들어내기 십상이다. 표적은 끝내 왕따가 되어 그룹 속에서 견디지 못하고 떠나버린다. 표적이 떠나고 남은 사람들이 힘을 합치면 모든 게 일사천리로 잘 될 것이라 생각했는데 어찌된 일인지 그렇지 못하다.

남은 사람들이 모여 다시 한 사람의 왕따 표적을 만든다. 표적이 된 사람이 사직서를 내고 회사를 떠난다. 그제야 모든 일이 제대로 잘 될 것으로 믿었는데 어찌 된 일인지 그 또한 그렇지 못하다. 남은 사람들이 또다시, 또 남은 사람들이 또~ 또 다시. 마지막으로 혼자 남으면 모든 것이 잘 될 것으로 믿었지만 결국은 본인 자신도 남의 왕따 표적이 되고 만다.

　꼭 있어야 할 사람이 있어선 안 될 사람으로 내려앉을 수 있듯이 있어선 안 될 사람도 있어도 그만 없어도 그만인 사람으로 평가할 수는 없을까.
　조직이 원활하게 굴러가려면 왕따도 왕따로서의 몫을 인정하여야 하지 않을까. 왕따가 있어 상대적으로 다른 사람의 가치가 돋보인다는 사실, 인정하여야 한다.
　인간사회의 조직 속에서 보여주는 보편적이고 간단한 진리다.

10

타이틀이 사람을 바보로 만든다

직장생활 10년을 마감하고 밖으로 나왔다. 제작국장 타이틀을 버린 이유는 딱 한 가지, 촬영현장에 나가 연출을 해야 하는 내 체질에 데스크에 앉아 일을 해야 하는 회사의 요구와 갈등이 생겼기 때문이다.

근대광고 반세기 역사를 갖고 있으면서도 우리나라에는 내로라하는 글로벌 크리에이티브 디렉터가 나오지 않는 게 솔직한 우리의 현실이었다. 부끄럽기 그지없는 일이다. 언젠가 광고업 CEO들에게 우리나라 체제에 대한 모순점을 건의한 바 있다.

우리나라 크리에이터들의 생명이 짧은 이유는 전문가 타이틀보다 이력을 통한 행정 편의의 직함을 주기 때문이다. 이사 대우, 부사장 대우 등으로 바꾸어 전문직을 죽을 때까지 하도록 예우하는 외국의 대행사와는 근본적으로 다르기 때문에 이에 대한 대처를 건의한 바 있었다. 대답은 간단하였다.

"크리에이터들이 그런 자리나 대우를 원하지 않습니다."

전문직을 버리지 않으면 죽을 때까지 일을 할 수 있을 터인데 왜 우리나라 크리에이터들은 모두가 행정적 승진 자리를 원하고 있는 것일까?

왜 우리나라 크리에이터들은 국장급으로 올라만 가면 태도가 바뀌어 전문업무의 작업에서 손을 놓고 아래 사람들에게 의존하는 것일까?

대우 직위로 올라가면 직원들로부터 왕따 취급을 받는다니 이사와 이사 대우가 그렇게 차이가 나는 것일까?

서류에 사인할 자리가 없다 한들 그것이 전문직을 버릴 만큼 중요한 의미를 갖는 것일까?

전문직을 갖고 있는 사람들 모두의 생각이 그런지 이해가 되지 않을 뿐더러 설사 그렇다 하더라도 그러면 어떤가. 자기가 맡은 일에만 전념하면 되는 것 아닌가.

크리에이터들 자신이 자리만 인정하고 크리에이터 위치는 인정하지 않는 우리나라 고유의 풍토인 것이다. 자리에 올라가 보았자 2~3년이 고작이고 언제인가 소리 없이 사라질 운명인데.

11

철저한 우리 소재, 우리만의 표현방법

영상제작에 임하면서 내게 부여된 가장 어려운 과제는 기획으로부터 방송용 프린트에 이르기까지 모든 과정들을 직접 체크하고 준비하고 제작하는 과정이었다. 그 중에서도 뜻대로 순조롭게 되지 않는 일이 있었으니 바로 출연자들을 섭외하는 일이었다.

70년대 당시의 모습에서는 출연자들의 섭외는 보통 어려운 일이 아니었다. 길거리에서 잘못 섭외하다가는 뺨맞기 십상이고 각 대학을 찾아다니면서 젊은이들을 섭외한다 해도 부모의 허락을 받기가 쉽지 않았던 것이다. TV에 얼굴이 나오면 혼을 빼앗겨 정상적인 생활을 하기 어려워진다는 소문이 나돌았기 때문이다.

뿐만 아니라 오랜 유교관념의 하나인 "남녀7세부동석"의 의식이 남아서인지 남녀가 손을 잡으면 얼굴이 벌게지면서 서로가 외면하기 일수이고 설사 어울려 논다 해도 물과 기름처럼 따로따로 놀아 어색하기 그지없었다. 촬영 전에 한동안 이를 희석시키는 놀이로 서로간의 벽을 허물고 나서야 본 촬영에 임하는 웃지 못 할 현실이었다.

당시에 설정된 영상의 소재를 보면 유채꽃 데이트, 눈썰매 타기, 중문 사구놀이, 자전거 무전여행, 등 타기놀이, 농촌풀베기, 낙엽 쓸기, 거리 청소하기 등등 주로 농촌봉사활동의 이야기가 주된 소재로 선택하였다. 한 가지 특이한 표현은 철저하게 우리나라 소재로 매작품마다 특이한 앵글을 포착하면서 극히 자연스럽게 제품을 삽입하여 목마른 젊은이들이 즐길 수 있도록 우리들만의 제품 냉각방법을 소개하였다는 점이었다.

　아마도 이러한 노력의 영상효과로 동남아지역의 광고전략에서 우수 평가를 받게 되었고 연이어 맥켄에릭슨월드와이드 동남아 슈퍼바이저가 영어라고는 "Yes"와 "No"밖에 모르는 나를 본사에 추천을 하는 해프닝을 만들었으리라 생각된다.

　회화에 대한 꿈을 버리지 못해 이런저런 일로 회사에 항의도 많이 했지만 아무리 좋은 조건을 제시한다 해도 미국으로의 이민은 우리가족에게는 어울리는 일이 아니기에 더 이상 거론되지는 않았다.

　디자인 실력이 없어서 제약회사 입사시험에서 낙방하더니 영어로 이야기를 못하는 실력이 미국행을 막은 결과가 되었네요 크크크.

12

영상제작 세 가지 부류의 원칙

나는 인사 철학에서 얻은 세 부류의 원칙을 인사 문제뿐만 아니라 영상제작을 위한 모든 분야에 적용해보는 습관이 생겼다.

- 꼭 필요한 작업, 해도 그만 안 해도 그만인 작업, 해서는 안 되는 작업.
- 꼭 가야 할 곳, 가도 그만 안 가도 그만인 곳, 가서는 안 될 곳.
- 꼭 있어야 할 물건, 그저 그런 물건, 그 자리에 있어서는 안 될 물건.
- 꼭 필요한 모델, 그저 그런 모델, 있어선 안 될 모델.
- 꼭 지불해야 할 돈, 지불해도 그만 안 해도 그만인 돈, 지불해서는 안 될 돈.
- 꼭 있어야 할 컷, 있어도 그만 없어도 그만인 컷, 있어선 안 될 컷.
- 꼭 있어야 할 소리, 있어도 그만 없어도 그만인 소리, 있어선 안 될 소리.

이런 등등의 수많은 적용 케이스가 있고 앞으로도 이 원칙은 변함없이 생활 속에서 사사건건 적용된다. 특히나 영상작품에서 있어선 안 될 컷은 쉽게 골라낼 수 있지만 있으나마나 한 컷은 구분이 애매할 뿐만 아니라 이놈이 오랫동안 돌아가다 보면 다른 영상들까지 망쳐놓는 예를 수없이 본다.

내 작품은 물론 후배들의 작품 속에서 빛을 보지 못하는 작품들을 살펴보면 바로 이 원칙을 무시한 후속 결과라고 여겨진다.

일반적으로 감독들은 훌륭한 컨셉트의 작품이라고 자부하면서도 빛을 보지 못하고 사라지는 이런 결과의 원흉이 어떤 놈 때문이라는 것을 뒤늦게 알게 된다.

있어선 안 될 컷은 누구나 바로 제거하기 쉽다. 문제가 되는 컷은 바로 있어도 그만 없어도 그만인 컷이 작품 속에 들어가 떡 버티고 있을 때이다. 이놈이 오랫동안 방송을 타면서 전체적인 의미를 갉아먹는 해충으로 성장하기 때문이다. 영상광고는 한 번으로 끝나는 것이 아니고 일정 기간을 두고 계속해서 출현하기 때문에 보면 볼수록 놈의 방해 범위도 넓어지게 마련이다.

완성된 작품, 출방하기 전에 컷의 길이나 내용에 한 번 더 관심을 갖고 3가지 원칙을 체크해볼 일이다.

13

스틸 사진(Still photo) 촬영의 대혁신

인쇄 부문의 원고를 만들기 위해서는 제품을 위시하여 인물과 풍경 등의 정사진을 자주 촬영하게 된다. 당시의 정사진은 하나같이 4X5 대형카메라에 필름을 장착하여 원하는 액션으로 모델을 정지시켜 놓고 돋보기 렌즈로 초점을 확인한 후 촬영하는 것이 정석처럼 되어 있었다.

1969년 말 코카콜라 크리에이티브 디렉터로서 새롭게 일을 시작하는 단계에서 아마도 맥켄 측의 책임자가 안심이 안 되었는지 첫 촬영을 위해 홍콩의 카메라맨을 서울로 파견시켜 주었다. 우리나라 최초의 스틸 무비이자 스틸 커머셜의 첫 작업이 시작된 것이다.

부산 해운대로 내려가 흑백영화의 콘티를 설명해주고 스틸 촬영을 시작하는데 그동안의 경험에 비추어 도저히 납득하기 어려운 상황에서 하루 종일 카메라 셔터소리를 들어야 했다. 각기 다른 렌즈의 카메라를 손과 목 그리고 어깨에 걸치고 6X6 필름을 연속으로 체인지하면서 셔터를 눌러대는 소리였다. 지나온 자리에는 누런 코닥필름의 패키지가 백사장에 널려 있어서 스태프 한 명이 주워 담기 바빴다.

촬영이 종료되고 사진작가로부터 6X6 필름이 내게 보내졌는데 결과적으로 선정된 사진의 기준이 우리의 기존 선정기준과는 전혀 다른 차원의 사진들이었다.

초점 위주가 아니라 감각 위주의 선정으로 비록 초점이 맞지 않았다 해도 율동감이 살아 있는 사진들을 선정한 것이다.

이 일이 있은 후 코카콜라 필름 영상을 촬영하면서 국내에서도 영상과 함께 정사진도 함께 촬영을 하게 된 것이다. 그런데 기존작가의 원고는 단 한 장도 선택할 수가 없었다. 초점 위주의 와이드 영상으로 촬영한 것이 전부였기 때문이다.

하는 수 없이 과감한 시도를 택하였다. 당시만 해도 필름의 구입이 사진작가에게는 큰 부담이 되어 코닥필름을 사에서 대량으로 구입, 무한정으로 공급하면서 작가에게는 오직 내용과 퀄리티에만 집중하게 한 것이다.

이 시기에 주요 스틸작가로 참여한 공상일 이주형 박창해 박제훈을 비롯한 많은 젊은 작가들이 함께함으로써 오늘의 스틸 세계의 초석이 되었음은 물론이다.

최초의 코카콜라 광고 "해변"은 우리나라 최초의 스틸무비 작품으로 홍콩 카메라맨의 촬영기법과 사진 선정의 기준이 충격적이어서 정 사진 촬영방법의 대 혁신의 계기가 되었다.

14

PPM (Pre-Production Meeting) 제도의 효과

우리나라에서 국제적인 광고 대행 업무에 대한 공식적인 연수교육은 1969년 아마도 만보사에서 처음 시작이 되었다고 본다. 일반적인 보너스 연수교육이 아닌 2주간의 본격적인 업무연수였던 것이다. 당시의 광고영상은 16mm와 35mm 필름 제작으로 국내에서는 그 어느 곳에서도 연수할 수 없는 상황이었기에 멕켄 에릭슨 하꾸호도에 의뢰하여 실시한 교육이었다.

필름의 구분도 인식되어 있지 않은 수준에서 기획으로부터 방송용 프린트에 이르기까지의 과정을 상세하게 파고들어야 하는 입장이었다. 맥켄 에릭슨 측에서 보면 한심한 친구로 보았을지도 모르지만 여하간 나는 많은 스태프와 질문 위주의 협의를 통하여 끈질기게 파고들었던 기억이 새롭다.

영상 제작의 명을 받고 백지 상태에서 참여한 연수였으니 귀찮을 정도로 달려든 나에게 많은 시간을 할애해준 스태프들은 그 후 가까운 사이가 되어 나중에 세종문화를 통하여 초청하기도 했다.

이 시기에 설명을 들었던 PPM이라는 과정은 그저 해도 그만 안 해도 그만인 과정으로 무시했던 것이 솔직한 심정이다. 그러나 방송과 영상광고가 전면적으로 컬러로 바뀌고부터는 이 과정의 중요성을 새롭게 인식하게 되었다. 특히 여러 전문 분야의 스태프들이 참가하게 되고 예산도 흑백 작품과는 비교도 안 될 정도로 증액되어야 하기 때문이다.

결재용의 스토리보드는 다시 연출 콘티로 전환되어야 했고 이를 기본으로 촬영 조명의 기자재와 필요한 소품들이 세세하게 체크되고 제시되는 과정인 것이다. 특히 미술부문의 출연자 패션을 비롯하여 촬영장소의 사진은 물론 합성 부분의 자료까지 제시하는 자리로서 소위 사전 완성작품 시사의 의미를 갖는 회의인 것이다.

PPM에서 협의된 내용은 그 어떤 이유로도 바꾸어서는 안 되기 때문에 회의 준비를 완벽하게 해야 하며 현장사정으로 교체 또는 추가 촬영이 불가피한 경우에도 사전 제작 담당 PD의 허락을 받아야 하는 것이 일반적인 원칙이다.

21세기에 진입하여 우리나라도 그간의 감독 중심의 제작에서 국제적 관행인 PD 중심의 체제로 바뀌어 PPM 과정은 그 중요도가 더욱 높아졌다. 하나의 준비 과정이 아니라 효과적인 결과의 출발점으로서 광고주 대행사뿐만 아니라 제작 담당자들에게도 사전에 완성된 작품을 가정하여 협의를 갖는 가장 중요한 과정으로 인식 전환이 필요하다.

15

코카콜라 경쟁사 제품은 절대로 취급하지 않겠다

새롭게 영입한 광고주거나 기존의 광고주에게 광고대행사에서는 수시로 프레젠테이션을 하게 된다. 문제는 프레젠테이션 결과를 놓고 사내에서 바라보는 시각의 차이다. 잘 된 일은 기획팀의 공로이고 잘못된 결과는 제작팀으로 돌아오게 마련이다. 특히나 가장 중요한 TV CF 안이 통과되지 못하면 전파광고 전반을 책임지고 있는 내게로 공격이 몰려오기 십상이다.

"이 스토리보드를 윤 국장이 체크했나요?"
"지금 출장 중이셔서 레뷰를 하지 못했습니다."

어떻게 보면 나라는 존재에 대해 크게 생각해주는 것이어서 감사하는 부문도 있지만, 결과가 좋지 않으면 그 원인을 내게로 돌리는 일이 잦아진 것이다. 결과적으로 내게 내려진 오더는 회사를 위해 연출은 후배들에게 맡기고 사내업무, 즉 데스크 업무에 치중하라는 것이었다.

하지 않겠다는 CF 제작을 맡기고 괴롭히더니 이제 와서 연출을 자제하라?

어려운 여건에서 새로운 활로를 찾아 겨우 줄기를 잡은 나에게 현장 연출을 자제하라는 윗선의 권고는 그야말로 청천벽력 같은 사직권고로밖에 보이지 않았다. 내게 진급 명령이 떨어질 때마다 사장실을 찾아 진급에 항의하던 내게 예측했던 결과물이 바로 떨어진 것이다.

현장을 쫓아다니며 고생하는 것보다는 테이블에 앉아 편안하게 일을 처리하며 높은 급여를 받는 것이 더 좋을 것 같지만 실무진이 현장을 떠난다는 것은 곧바로 자멸의 길로 들어선 경우라는 사실을 왜 직시하지 못하는 것일까.

그로부터 2년여, 사측과는 물론 광고주 코카콜라와의 인연을 무시할 수 없어 좋은 이미지를 남기기 위하여 노력을 기울인 결과 마침내 1978년 3월 나는 절대로 코카콜라와 경쟁이 되는 제품광고를 취급하지 않겠다는 각서를 제출하고 회사는 마지막 달의 급여액을 1년간 지급하는 것으로 합의, 마침내 조직의 계급으로부터 자유의 몸이 된 것이다.

16

창밖으로 날아간 바둑알

번듯한 직장을 팽개치고 1978년 가을, 몇몇 동료 후배들과 의기투합하여 충무로에 사무실을 차렸다. 소위 말하는 CF 프로덕션이다.

대행사에서만 근무하며 영상을 제작한 필자로서는 많은 광고주 스태프들로부터 신인이라는 인식밖에 없었기에 당연 일거리는 한가한 편. 그나마 평이 좋았던 코카콜라 광고들은 외국에서 제작한 것으로 추정하고 있었던 것이다. 당시 필자의 작품을 이해시키기 위해 우리나라 최초로『CF작품집』을 발행, 광고주에게 배포하게 된다.

그런데 당시 프로덕션 사무실에서는 크리에이티브 작업보다는 못된 관행들이 판을 치고 있었다. 친목을 다진다며 평일 오후에는 물론이려니와 토요일이면 어김없이 거래처 사람들과 포커판이 벌어져 현금이 왔다 갔다 하는 것이다. 보기에도 좋지 않으려니와 말이 친목이지 그 속에는 일을 통한 음흉한 흉계가 들어가 있는 것으로 의심이 되었다.

그러던 어느 토요일, 소위 있어선 안 되는 일의 하나가 우리 사무실에서 일어난 것이다. 일을 마치고 사무실에 들어와 보니 거래처 사람들과 바둑으로 내기를 하고 있었다.

"우리 사무실에서는 이런 놀이를 하지 말라고 했는데…?"
"오늘은 토요일 오훈데요."
"토요일이든 일요일이든 이럴 시간이 있으면 만화책이라도 한 권
보세요."

두고 있던 바둑판을 들어 창문을 열고 통째로 던져버렸다.

지금도 생각해보면 가슴이 철렁한다. 3층에서 던진 바둑알이 풍비박
산이 되도록 아무도 건물 앞을 지나가는 사람이 없었으니 망정이지…….
그로부터 우리 사무실에서 포커나 화투놀이는 물론 바둑이나 장기 등으
로 게임을 하는 사람을 보지 못했다.
사무실의 분위기가 180도 바뀐 것이다.

17

일체의 비정상 거래를 금한다

1960년대 중순부터 새롭게 출현한 커머셜 제작 업계에 새로운 스태프들이 참여하면서 일을 놓고 크고 작은 뇌물 사건이 끊이질 않는다. 내 머리로는 상상이 안 되는 온갖 묘수들이 동원되고 있었다. 소위 해서는 안될 일을 만들어 정상적인 비즈니스로 위장하고 있는 것이었다.

작품을 만들려면 일정한 예산이 필요하고 일을 마치면 약속한 제작비를 당연히 지불해야 한다. 당연히 주고받아야 할 이런 과정에서 기묘한 일들이 벌어진다.

한 작품당 얼마의 인센티브를 내야 한다든가, 결정된 예산 총액에서 얼마를 보태서 청구한다든가, 하는 일 외에도 이유 없이 까탈을 부린다든가, 사적으로 필요한 물품을 교묘하게 빗대 상대방을 난처하게 만드는 일 등이다.

심지어 지불 현금을 들고 찾아와 손에 쥐고 흥정을 하는 웃어넘기지 못할 일들도 벌어진다고 하니 이런 관행 속에서 올바른 비즈니스를 한다는 것이 얼마나 고통스러운 일인가.

회사 설립 초기에 회사의 성격을 정립하는 것이 무엇보다 중요하다고 생각한 나는 전 직원을 모아놓고 선언한다.

"여하한 경우에도 우리 회사는 담당자나 광고주에게 제작비를 놓고 일을 부정하게 거래하는 관행은 없습니다."
"그러면 광고주가 다 떨어져 나갈 텐데요?"

아니나 다를까, 광고주 하나가 아쉬운 형편인데 하나둘 광고주가 떨어져 나가더니 큰 덩어리 광고주도 업계의 관행을 어겼다며 나가 버렸다.

"우리가 주어진 작품을 잘 만들면 언제인가 다시 돌아옵니다. 그때는 정반대로 우리가 큰소리치며 일을 할 수 있으니 걱정할 필요가 없습니다."

돈을 받고 일을 주는 사람은 언제나 돈 더 주는 거래처로 가게 마련이고 작품을 만드는 사람은 작품에 돈을 투자하지 않고 접대에 투자하다 보니 자연 작품이 부실할 수밖에 없다는 것이 나의 지론이다.
한 시즌이 지나자 우리를 버렸던 광고주들이 하나둘 다시 돌아왔다. 돌아온 광고주에게 우리가 보답하는 길은 최선을 다하여 좋은 작품을 만들어주는 일이다.

광고 비즈니스의 기본적인 룰

광고 비즈니스는 광고주와 광고대행사 그리고 제작사 등 3단계로 이어지는 협업 비즈니스다. 1960년대에는 새로운 분야로 전문가의 부족 현상이 만연해 작업과정이 유사한 영화업계 종사자들이 의욕을 갖고 참여하게 되었다.

1970년대에 진입하여 4대 매체의 위력이 증대되면서 그룹에서 본격적인 광고대행사에 참여, 자체 내에 제작 시스템을 구축함으로써 한동안 대행사 제작팀과 외부 제작사 간의 경쟁이 심화되기도 했지만, 1980년대 중반 전문 분야는 전문팀에게 맡기는 것이 효과적이라는 결론에 도달하여 협업의 체제로 전환된 것이다.

세종문화가 설립되고 새로운 시스템으로 영상 제작에 전념하고 있을 때의 일이다. 1984년 말 삼성그룹에서 내게 전화가 걸려왔다.

"왜 제일기획의 일을 하지 않는 이유가 무엇이냐?"

"저희는 일을 하고 안 할 그럴 권한이 없습니다."

1985년 새해 들어 이번에는 제일제당으로부터 작품을 직접 의뢰하겠다는 내용의 전화가 다시 걸려왔다.

"제일기획을 통하여 말씀해 주시면 성심성의껏 만들어 드리겠습니다."
"우리가 발주하면 만들어주실 수 없다는 것입니까?"
"물론이죠, 직접 발주하시면 저희가 받아들일 수가 없으니 대행사인 제일기획을 통해서 이야기해 주시기를 부탁드립니다."

광고대행을 제일기획에서 맡아 처리하기 때문에 광고주가 준다고 제작사가 덥석 받아먹어서는 안 되는 것이 정상적인 비즈니스 룰의 하나. 할 수도 있지만 먼 미래를 보아 절대로 해서는 아니 될 일로 판단한 것이다.
나중에 예측한 대로 제일기획으로부터 연락이 닿아 사반세기동안 이어온 최장수 단일모델 김혜자 씨의 최장수 〈고향의 맛 다시다〉 캠페인이 탄생된 것이다.

김혜자 씨의 단골 한 마디가 여기에서도 필요해진다.

"그래 이 맛이야."

19

우선은 일본의 힘을 빌리자!

적을 알려면 우선 적과 동침하라는 속설이 있듯이 일본을 왜놈들이라고 부르던 내가 일본에 대하여 좀 더 적극적으로 파고든 데는 그만한 이유가 있었다.

1970년 말 우리나라 최초로 광고대행 업무에 대하여 연수를 받고자 맥켄 에릭슨 하쿠호토에 2주간 머무는 일이 있었다. 당시 회사 측의 소개로 만난 인사가 점심을 사주면서 들려준 말이 너무나도 창피하고 기막힌 현실이었기 때문이다.

"모든 면에서 한국은 일본보다 20년, 대만보다 10년 뒤떨어져 있다."

초보적인 연관 산업의 환경에서 작품을 만들어야 하는 우리나라 영상업계는 1980년대 중반까지는 해외여행이나 외화 반출이 여의치 않아 비정상적인 비즈니스 형태로 일본의 힘을 빌려야 했다. 토호쿠신샤와 업무협력을 체결하고 한동안 작업을 진행하는 과정에서 제작일정이나 비용문제에 전혀 융통성을 보여주지 않기에 문제를 제기하자 다음과 같은 답변이 돌아왔다.

"원칙을 넘어선 형태가 통역사로부터 외부에 나가면 업계 내에 문제가 될 수 있다."

이에 100% 동의한 나는 통역 없이 단독으로 일을 처리하기로 결심했다. 그때 나이 마흔네 살이었다. 외국어대 박성원 교수가 편 일본어 초급교과서를 사서 처음부터 끝까지 무식하게 외워 버렸다. 한편으로는 내가 하고 싶은 이야기를 모두 메모해서 그것을 국내 일본어 통역사에게 번역을 시켜 비행기 속에서 무조건 암기하기 시작했다. 회가 거듭되면서 나의 언어 실력도 조금씩 달라지기 시작했다. 어느 정도 의사소통이 된다 싶으니 자연 일을 처리하는 요령도 생기게 되었다.

88올림픽을 앞에 두고 업계는 협회를 중심으로 일치단결하여 일본 의존도를 낮추고 독자적인 길을 찾으려고 노력하였다. 특히 방송의 컬러화가 이루어진 1980년부터 컬러화의 문제를 해결하고자 협회에서 연수단을 일본에 보냈으나 기술적인 문제에 전혀 도움을 주지 않아 어쩔 수 없이 방송국 시스템에 의존할 수밖에 없었다. 그러나 방송국에서 제작한 비디오 컬러 영상의 퀄리티에도 더 이상 기대할 수가 없는 상황이었다.

마침내 1984년도에 형보에서 필름영상을 VCR영상으로 전환시키는 NTC시스템을 도입하고 우리나라 최초의 민간 편집실인 삼부프로덕션이 출현하면서 임시방편으로 방송국에 의존하던 작업이 일시에 중단되고 영상 퀄리티가 놀라운 속도로 향상되기 시작했고 1990년대 전반에는 연관업체의 디지털화가 빠르게 진척되어 그동안 의존했던 일본 측과의 협업도 거의 사라질 정도가 된 것이다.

태평양화장품 향수 "쌍띠망"
1983년 일본 기술스태프를 초청하여
사내 스태프와 함께 촬영한 작품.
방송의 컬러화 이후 필름의 색 재현에 문제가
있어 촬영의 새로운 기법을 도입하는
계기가 되었다.
제3회 방송광고대상에서 촬영상 및 편집상을
수상한 작품.

20

일식집에 가는 것을 일절 금한다

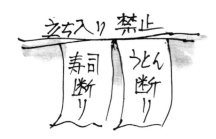

세종문화가 일본에서 알아주는 영상 관련 그룹회사인 동북신사와 업무제휴를 맺게 된 이면에는 '우에무라 반지로' 회장의 한국에 대한 남다른 관심이 있었기 때문이다. 충무로 판잣집 수준의 사무실도 직접 찾아주셨고 귀국하셔서 미스터 윤을 도와줄 것이 있으면 최대한 지원해 주도록 하라고 임원들에게 지시도 있었다고 한다.

이런 연유로 하여 1983년 동북신사 임원들의 미주 영상 관련 순회여행에 나를 초대해 준 것이다. 나로서는 그야말로 긴 시간, 장기간의 해외출장은 처음 체험하는 일로 마음의 준비가 전혀 이루어지지 않은 채 태평양 바다 위를 오르게 된 것이다.

서울 동경 샌프란시스코 14시간, 공항에서 4시간 휴식을 마치고 다시 텍사스까지 4시간, 내게 있어서 이 여정은 참기 힘든 고통의 여정이었다. 문만 열어준다면 무조건 뛰어내리고 싶은 심정이 한두 번이 아니었다. 비행기 멀미에 한 술 더 떠 기내에서 주는 양식들이 내 비위에는 맞지 않아 도저히 먹을 수가 없었다.

이러한 고통은 텍사스 씨그래프 전시장과 플로리다 디즈니랜드 그리고 캐나다 토론토박람회, 토론토에서 다시 로스앤젤레스까지 이어져 일주일여를 매일 끼니마다 캔 맥주만 마시고 견디어온 것이다

마침내 LA로 돌아와 낯익은 고추장과 감치를 보고 어떤 정신으로 먹었는지 모를 정도로 참으로 오랜만에 성찬을 마음껏 즐겼다. 이 식사는 캐나다 토론토를 떠나면서 회장님이 LA지사장에게 특별히 지시한 내용으로 준비된 한식이라는 것을 알게 되었다.

"앞으로 미스터 윤이 동경에 오면 절대로 일식집에는 가지 않도록!"

사내 임원회의에서 우에무라 회장의 특별지시가 내려졌다고 한다. 이 날 이후로 동경에 가면 비서실에서 이미 동경 체재기간 내의 글로벌 메뉴가 예약되어 있었음은 물론이다

"미스터 윤, 앞으로 '스시'는 즐길 수가 없게 되었네요. 우에무라가 영수증을 전부 체크하니까요."

이 일이 있은 후, 나를 비롯한 세종문화 직원들의 뱃속도 함께 글로벌화 되었음은 물론 촬영으로 지구를 두 바퀴 정도 도는 동안에도 나를 괴롭히는 음식이나 요리는 나타나지 않았다. 먼 후일, 전 세계를 무대로 뛰어다녀야 하는 연출자의 미래를 예측하고 선처를 해준 토호크신샤(東北新社) 우에무라 반지로(植村伴次郎) 회장의 뜻에 한없는 경의를 표하는 바이다.

21

싹이 좋아야 열매가 실하다

좋은 작품을 만들려면 완벽한 준비가 성패를 좌우한다. 촬영에 진입하기 전에 미리 준비해야 하는 것도 있지만 현장에서 준비해야 할 부수적인 것도 수없이 많다.

촬영소품이 아닌 상식적으로 준비해 놓아야 할 물품으로 스태프나 광고주 책임자들이 마실 음료와 간식 준비에서 민망한 일이 자주 터진다. 특히 광고주가 현장을 방문하는 경우 대다수는 가볍게 생각하고 근처 가게에서 손쉽게 물건을 사다 진열해 놓는다.

"이거 어느 놈이 갖다 놓은 거야?"
"제가 사왔습니다."

대답이 끝나기도 전에 차려놓은 물건들이 신입사원 얼굴을 향해 날아간다.

"선배님 뭐가 잘못된 건가요?"
"임마, 공부 좀 해라 공부 응 ㅋㅋㅋ."

먹을 것이나 마실 것, 심지어 현장에서 쓰는 휴지에도 광고계에는 경쟁사가 있고 그룹과 연계된 물품이 있다. 오늘 촬영하는 작품의 주인공을 보면 꼭 준비해야 할 것이 있고 절대로 가져다 놓아서는 안 되는 것들이 있다.

특히나 경쟁사의 제품을 준비해 놓았다면 그건 상상하기도 민망한 일이다. 물론 그런 것에 신경을 쓰지 않는 둔한 광고주도 있지만 그렇다고 경쟁사 물품을 사다 놓을 수는 없는 것이 쟁이들의 생활철학이다.

싹을 틔울 때 제대로 골라야 훌륭한 인재가 만들어진다. 한 번 호되게 당한 놈은 두 번 실수는 하지 않는다.

22

인재는 키우는 것이지
저절로 들어오는 것이 아니다

20여 년 넘게 CF 제작사를 이끌어오면서 가장 힘들었던 것이 사람 관리. 기존의 경험을 토대로 영입한 사람은 그 사람의 능력을 보고 선임한 것이지만 새로 입사한 사람들은 가능성만을 보고 선임하였기 때문에 그 능력을 정확히 가늠하기 힘들다.

그러나 한두 달 함께 일을 하다 보면 서서히 숨겨진 능력과 자질이 보이기 시작하여 감독이 될 놈과 그렇지 못한 놈으로 나누어진다.

일단 감독으로서의 싹이 보이면 가혹할 정도로 혹독한 현장 단련을 시킨다. 50여 명의 스태프를 일사불란하게 다루려면 매사가 정확하고 빈틈이 없어야 하며 항상 선두에서 스태프를 리드하여야 하기 때문이다. 그러한 이유로 하여 열심히 잘하고도 칭찬을 듣기가 어렵고 스태프가 잘못을 해도 대신 힐책을 받아야 한다.

"난 아무래도 안 되겠는가 봐."

사내에서 감독으로서의 자질이 보인 사람들은 아마도 수십 번은 현장에서, 수십 번은 사무실에서 스스로 자멸에 가까운 고민을 했을 것으로 보인다. 그렇게 깊은 절망에 잠겨 있을 때 느닷없이 선임자로부터 의외의 임무가 부여된다.

"야! 이제부터 니가 큐 불러."

참는 자에게 복이 있나니, 드디어 자기만의 세상을 만들어갈 기회가 주어지는 것이다.

선임자가 중요시할 것은 회사 업무에 맞지 않는다고 무조건 내보내는 것이 능사가 아니라는 점이다. 일단 입사를 결정한 책임자들은 회사가 원하는 길로 무조건 끌어들이기보다는 능력이 있는 부분에 용기와 희망을 불어넣어주고 도와주는 것이 먼저일 것이다.

사람의 인연은 그토록 중요한 것이다. 세종문화가 프로덕션 업계의 사관학교라는 이름이 붙여진 이유나 세종문화 출신의 인재들을 타사나 타직종에 소개하면 기꺼이 받아들이는 업계의 호응에도 바로 사람을 중시하고 키우는 기본에서 출발된 공감이 작용한 것이라 믿어 의심치 않는다.

새로운 일자리를 만들어주는 일 또한 중요한 선임자의 몫이다. 사람의 인연은 그토록 중요한 것이다.

23

콩나물이 인재를 찾아낸다

제일제당의 〈고향의 맛 다시다- 그래 이 맛이야〉 캠페인은 1980년 대 중반에 시작하여 2000년에 대단원의 막을 내린 국내 최장기 캠페인 이다.

우리나라 고유의 생활풍습으로부터 생활도구에 이르기까지 김혜자 단 일 모델을 통하여 환경 변화에 따른 고향의 맛을 일깨워준 최장기 시리 즈 기록도 갖고 있다.

전국을 순회하면서 많은 소재가 등장하고 온갖 재료들이 등장하는 요 리들로 고향의 풍취와 함께 우리나라 고유의 맛을 살려주는 시리즈이기 도 하다. 내적으로는 많은 사람들이 다시다 제작에 참여하고 신인감독을 많이 배출시킨 프로젝트이기도 하다.

제작 스태프로 참여하게 되면 이들 모두가 하나같이 어려움을 겪는 것 이 있으니 바로 고향의 맛을 살려주는 순수하면서 시골스러운 것들을 챙 기는 일이다. 세월이 흐르면서 지나가 버린 전통적인 옛 소품이나 그릇 을 비롯하여 된장 고추장 간장 등의 오리지널 양념들 그리고 여기에 부가되는 각종 채소나 재료 등등.

　우리가 늘 접하는 콩나물 정도는 거의가 가볍게 생각하는 것이 통례, 가까운 동네 구멍가게에서 손쉽게 사오는 스태프는 틀림없이 콩나물을 온 몸에 뒤집어쓴다. 모르면 물어나 봐야 하는데 콩나물 정도야 하고 우습게 여기는 데서 벌어지는 일이다.
　현대식으로 키운 콩나물 세례를 받고서야 시골할머니가 아침저녁으로 정성스럽게 키운 시루의 콩나물을 구해오기 마련이다.

　"콩나물이 이렇게 종류가 많은 줄 몰랐습니다."

　뒤통수를 긁적이며 뱉어내는 한 마디, 평소에 사물을 바라보는 세심한 관찰력을 강조하는 이유가 바로 여기에 있는 것이다.

　한 젊은이가 콩나물을 통해 사물을 보는 전문가가 되어가듯 꼭 필요한 인재로 변화하는 과정에 들어선 것이다.

24

퇴직자를 환송하라

신입사원을 뽑아 3년여 같이 일을 하게 되면 독자적으로 처리할 만큼 성장하게 된다. 그동안 회사가 투자한 돈도 돈이지만 본인이 성장과정을 통하여 회사에 누를 끼친 비용도 만만치 않다. 그 모든 것을 감수하며 버텨온 회사 입장에서는 이제부터 그에게 투자한 밑천을 뽑을 생각을 하게 된다.

아니나 다를까, 그 순간부터 이상한 소문이 번지기 시작한다. 그에게 눈독을 들인 주변 사람들이 펌프질을 시작하는 것이다. 그러면 본인 자신도 우쭐해지게 마련이고 스스로 독립하여야겠다는 꿈이 싹트기 시작하고 이어서 사표를 들고 내 방을 찾게 마련이다.

"아직은 일러! 한 1년 더 있다 독립해."

우선은 우쭐대는 마음을 한 대 걷어차고 말려본다. 그러나 한 번 마음먹은 일은 누가 말린다고 해서 쉽게 바뀌지 않는다. 설사 좀 붙어 있다고 해도 마음이 떠나 있어 일이 제대로 되지 않는 것이 일반적이다. 회사는 그가 독립할 수 있도록 지원을 해줄 수밖에 없다.

"잘해야 돼, 알았어?"

그와 함께 일한 광고주에게도 프로젝트를 주도록 부탁하고 경우에 따라서는 자체에서 처리하던 프로젝트도 과감히 떼어준다.

일반적으로 선임자 곁을 떠나면서 견원지간이 되어 헤어지는 것은 후일에 결코 좋은 결과로 돌아오지 않기 때문에 목전의 이익보다는 멀리 앞을 보는 차원에서 판단을 해야 한다. 프로젝트를 넘겨준다고 해도 작품으로서 충분하지 않으면 언제인가 되돌아올 수도 있고 좋은 결과를 얻어온다면 그것 또한 선임자의 공으로 돌아오기 때문이다.

이런 일을 가상하여 항상 지속적으로 후진을 길러야 하는 부담을 안게 되지만 인간관계에 있어서 다음의 충고를 저버려서는 안 된다.

"사람은 만날 때보다 헤어질 때 잘해야 한다."

25

치받고 일할 때가 좋은 것이여

어디를 가서 무슨 일을 하더라도 조직의 일원으로 참가하게 되면 여러 부류의 사람들이 한 가지 목적을 위하여 함께 일을 하게 되는 것이 일반적이다. 그렇게 함께 일을 하다 보면 종종 아래위로 치받고 치받치는 일이 생긴다.

신입사원으로 들어가면 위로 치받을 사람 천지다. 중견사원이 되면 아래에서 치받치기도 하고 위로 치받기도 한다. 위로 올라갈수록 아래에서 치받는 사람들이 많아진다. 정상에 오르면 치받치기만 하지 받아칠 데가 없다. 자연 책임을 질 내용도 많아진다.

올라갈 자리가 하나라도 남아 있으면 월급쟁이 하는 맛이 좋다는 이유가 거기에 있는 것이다. 스트레스가 쌓이면 치받을 사람이 있어야 하는데 치받을 사람이 없으면 안으로 새겨야 하기 때문이다. 그래서 정상에 서 있는 사람은 책임질 내용도 많아지지만 스트레스도 심하게 받게 마련이다.

그래도 정상을 향하여 모두가 끊임없이 도전한다. 사내에서 있으나마나 한 인재로 남고 싶지 않기 때문이다. 꼭 필요한 사람이 되기 위해서도 한 번쯤은 누구나 생각해 보는 과제이기도 하다.

"치받으면서 일을 할 때가 좋은 것이여."

26

철두철미, 스태프와 함께 현장을 지킨다

충북 괴산에서 보낸 어린 시절의 꿈은 화가가 되는 것이었다. 선친의 희망은 초등학교 교사 아니면 약사로 시골에 약방을 차려주는 것이었다. 어릴 적부터 나의 꿈은 절대적이어서 마침내 고교시절에 가출이라는 불효를 저지르게 된다.

그로부터 10여 년, 아르바이트로 생계를 꾸려가며 지내오다가 '통혁당 사건'을 계기로 광고대행사 '만보사' 입사를 선택하게 되고 동시에 한국에 진입한 코카콜라 광고담당 CD로 활동, 마침내 영상제작 책임자로 일을 맡게 되면서 화가의 꿈은 잠시 접어두게 되었다.

만 40세가 되어 이제는 홀로 가는 방법을 강구하여 마침내 뜻이 맞는 후배들과 '세종문화'라는 영상광고 프로덕션을 설립, 운영하게 된다. 이 시기에는 1970년대에 시작된 국내 광고주가 설립한 광고대행사들과 퀄리티 경쟁을 하는 시기였다. 1978년 설립된 세종문화는 개인 프로덕션과 달리 우리나라 최초로 CM 플래너라는 시스템화 조직으로 기획팀, 연출팀, 기술팀 그리고 관리팀으로 구성하는 것을 목표로 출발, 마침내 1980년대 중반에 업계 1위 자리를 차지하게 되고 선두주자로서의 위치를 2000년 자진 해체될 때까지 유지해온 것이다.

4반세기 세종문화를 이끌어가면서 나의 꿈을 실현시키기 위하여 두 번의 회귀 시도를 해 보았다. 1986년 선두주자로서 여유를 갖고 꿈에 그리던 화폭 앞에 앉았으나 3시간여 캠퍼스에 점 하나 찍지 못하고 물러섰고 두 번째는 업계로부터 멀어지는 환갑의 나이가 되어 이에 대비책의 일환으로 다시 한 번 시도를 해본 것이다.

결론은 경제적 여유와 시간이 있다고 해서 손쉽게 원하는 자리로 돌아갈 수 없음을 절감하면서 나 자신의 오만과 어리석음을 참회하는 자리가 되고 말았다.

전공은 역시 끊이지 않고 꾸준히 함께 하여야 한다는 철칙을 가슴깊이 되새겼다. 모두가 50이 가까우면 광고 업무의 현장으로부터 멀어지게 된다는 현실을 부정하면서 63세로 공식 은퇴를 선언하기까지 철두철미 현장을 지킨 힘이 바로 여기에서 나온 것이라 해도 과언이 아닐 것이다.

27

트로피공장도 하십니까?

　광고주가 압구정 사무실을 방문해 주시면 당연 회의실로 안내되어 협의를 하게 된다. 제작사들은 일반적으로 영상작품의 수상작 트로피를 눈에 띄기 제일 좋은 자리에 디스프레이하게 마련이다.

　세종문화도 당연히 광고주 시선을 위주로 트로피 진열을 하는 것이 원칙이었다. 그런데 트로피 숫자가 너무 많아 여기저기 여유 있는 공간에 진열할 수밖에 없었다. 손님의 시각으로는 아무렇게나 놓인 트로피로 보인 것이다.

　"트로피 공장도 하십니까?"

　"아 네에, 그게 아니고……."

　우리나라 광고상 시상제도는 각 매체에서 자사에 게재된 광고물 위주로 시상하고 있었는데 객관적으로 공모하여 특히 영상광고에 작품상을 주는 방송광고대상 제도는 1981년 한국방송광고공사가 설립되면서 처

144   제2부 직에 관한 이야기

음으로 도입되었고 1993년 광고단체연합회로 업무가 이관되어 현재에 이르고 있다.

세종문화에서 방송광고대상을 1983년부터 3년 연속 수상하면서 1986년 심사과정에서 코미디 같은 일이 벌어졌다. 광고대상 작품심사에서 세종문화 작품이 들어 있으면 제외시키고 심사를 하도록 사전협의가 있었다는 것이다. 정도는 아니지만 그렇다고 기분 나쁘게 들리지도 않은 이야기이기도 하다.

제작편수 총 665편, 광고대상 6회를 비롯하여 국내외 작품상 75회 수상 트로피에 광고주가 감사의 뜻으로 보내주신 각종 감사패 등 그 종류와 수를 헤아리기 힘들 정도였다.

"트로피 공장 소리를 들을 만도 하네."

28

시작보다 마무리가 더 중요하다

1978년에 설립한 세종문화, 2000년, 21세기로 진입하면서 본의 아니게 사라지는 운명으로 바뀌었다. 몇 차례 팀장 회의를 하면서도 회사를 이끌 새로운 CEO를 찾지 못했기 때문이다. 하겠다는 사람은 있었지만 적임자가 아니었고, 적임자로 지명된 사람은 극구 사양했기 때문이다.

"제가 맡아서 세종문화를 이끌어가기에는 너무 부족한 게 많습니다."

4반세기, 톱 프로덕션을 유지해온 덩치가 신임 CEO에게는 너무 큰 부담이 된 것이리라.

세종문화가 만든 기록은 한두 가지가 아니다. 우리나라 최초로 플래너라는 직업을 탄생시켰고 국내 최초로 해외 제작사와 업무제휴를 통해 사원들의 정기적인 해외연수뿐만 아니라 제작업계를 위하여 경영 제작 기술 분야의 국제 세미나를 수차례 주관하였다.

우리나라 최초로 칸느 국제광고영화제에 참여하여 국내 소개는 물론 심사위원 피선국으로 만들었으며, 사단법인 CF제작사협회 창립 주관, 3년 연속 광고대상 수상, 그리고 우리나라 최다 광고상 수상, 업계 최다 감독 및 기술감독 배출 등등. 허지만 이런 기록들은 일을 하다 보면 누구나 할 수 있는 것들이다.

문제는 마무리다.
회사 정산 문제와 직원 인사 문제가 가장 중요한 문제로 대두되었다. 감독과 조감독들은 각자의 능력이 있어 크게 걱정을 하지 않았지만 여타 스태프들의 사후 처리가 문제였다. 다행스럽게도 세종 출신이라는 것만으로도 타사 동일 직종에 취직하는 데 큰 도움이 되었다.
법인 정산을 포함하여 쉽게 연락이 되지 않는 개인 거래처 정산까지 3개월여에 걸쳐 깨끗이 정리하고 마지막으로 내 비서의 타사 취직 확인을 끝으로 나는 내 의자와 하직인사를 하고 경주대학으로 내려갔다.

회사가 문을 닫으면서 책임을 지지 않거나 각종 부채를 해결하지 않은 채 사라지는 업계의 풍토에서 마지막까지 한 점 부끄러움이 없는 자세로 20세기를 마무리했다고 자부한다. 마지막으로 남긴 기록이다.

21세기는 새로운 부대에 새로운 인재들이 만들어갈 것을 기대하면서.

29

돈 벌어서 명예를 샀다?

세종문화를 깨끗이 정리하고 우리 업계의 귀중한 자료들을 보전하기 위하여 박물관을 만들기로 약속한 경주대학으로 자리를 옮기게 되었다. 이 과정에서 업계에 떠도는 이상한 소문이 있었다. 영상제작으로 돈 벌어서 경주대학교 석좌교수로 간다는 내용을 빗대서 하는 소리였다. 사실이 아니기에 그런 소문에 별로 신경을 쓰는 편도 아니지만, 이런 인식은 주변으로부터 자연스럽게 해소되었다.

'주식회사'는 정리 과정에서 그 어느 것도 예외 없어 법률사무소와 관리이사 두 분이 맡아 정리를 하게 되었다. 영상광고 제작업계는 개인 위주로 프로덕션 영업을 해왔기 때문에 폐업이나 운영과정에서 불합리한 업무처리로 시끄러운 모습을 보아온 터라 이들과의 차별화로 세종문화는 엄격한 법인회사로서의 의무를 다하여 사원들로부터의 신임을 쌓아오는 데 총력을 기울였다.

사원들의 복지문제를 필두로 회사가 필요로 하는 모든 부문을 개인 명의가 아닌 법인 명의로 처리해 왔기 때문에 그 어느 부문도 남기지 않고 정리하여야만 했다. 마지막 정리 담당 관리이사의 질문에서 그 정도를 알 수 있을 것이다.

"사장님, 정말 사시는 집 외에는 아무 것도 없으시네요."
"그동안 잘 먹고 잘 지냈으면 됐지 뭐가 필요해?"

그나마 다행이었던 것은 법인을 정리하고 남은 돈이 있어 내게도 소유 주식의 양에 따른 배당금이 있어 다행이었다.
한평생을 돈벌이(?) 작업에 파묻혀 살면서 내게 일복은 있으면서 재복이 없다고 가족들은 농담 삼아 건넨다.
이날 이때까지 명예는커녕 가족들을 굶기지 않고 길바닥에 버리지 않은 것만으로도 나는 감사하는 마음이다.

"별 수 있어? 필요하면 또 뛰어야지 뭐."

30

휴대폰은 항시 휴대하라는 휴대폰이다

21세기에 들어와 가장 편리해진 것이 있다면 누구나 통화를 기본으로 하고, 주변에서 벌어지는 현상의 메모나 촬영 기록이 용이해진 것이라 할 수 있다.

특히 영상을 기록하는 데 있어서 과거에는 소형 카메라가 있어야 가능한 일이었지만 휴대전화에 모든 기능이 탑재되어 있는 요즘은 시시각각 보이는 여러 가지 상황을 기록하기가 용이해진 것이다. 각자가 필요한 영상이나 자료를 자료 파일로부터 추출하기에도 더 없이 편리해 졌음은 모두가 인지하고 있다.

한 가지 특이한 현상은 무심코 주변을 산책하다가 보기 어려운 장면이 눈앞에서 펼쳐지거나 평소와 다른 아름다운 모습이 자연적으로 나타나면 누구나 성급히 호주머니에 손을 넣어 카메라를 찾는 일이다.

"좋았어, 바로 저거야."

아뿔사, 그런데 오늘따라 휴대폰을 집에 두고 나온 것이다. 완벽하게 준비된 날은 그저 그런 모습만 보여주다가 하필이면 휴대폰을 두고 온 지금 자연은 내게 저런 모습을 연출하고 있는 것일까 후회한 적이 한두 번이 아니다.

행운은 준비된 자에게만 찾아온다는 말이 생각난다. 하필이면 준비되지 않은 오늘 다시 보기 힘든 날짐승들의 모습 빛을 통한 자연의 신비 등이 왜 전개되는 것인가 자신을 후회하면서 기억 속에 담가둔다.

기억력이 점점 쇠약해져 언제까지 저장고에 보관되어 있을지 알 수 없는 상황에서 다시 한 번 다짐을 한다.

"휴대폰은 항상 휴대하라는 휴대폰이다."

31

광고쟁이는 죽어서도 광고쟁이어야 한다

"이젠 차 좀 바꾸셔야 하겠는데요?"

"왜 차를 바꿔?"

"평생 국산차만 타셨으니 이젠 외제로 바꾸실 시점이……."

"이 사람 미쳤나?"

1978년 우리나라 자동차광고의 시조라 할 수 있는 새한자동차의 〈랑데부〉 광고를 시작으로 10여 년간 대우자동차 광고를 지속해오다가 대우기조실이 해체되면서 부득이하게 자동차광고에서 손을 놓게 되었다.

잠시 쉴 수 있겠다 싶어 다행이라고 생각했는데 이런 일이 생기자마자 현대자동차에서 연락이 왔다. 그동안 현대자동차에서 우리와 인연을 맺기 위한 기회를 기다리고 있었다는 것이다. 참으로 내게 있어서는 엎드려 감사해야 할 광고주인 것이다.

이런 광고주를 모시고 은퇴 시기인 2000년까지 자동차광고를 이어갔으니 우리나라 자동차 광고의 산 역사라고 자부할 만하지 않은가.

평생을 대우와 현대차만을 고집하고 살아온 내게 그 흔해 빠진 외제차들은 그림의 떡일 수밖에 없었지만 단 한 번도 아쉬움이나 부러움 같은 감정은 가져보지 않았다.

마지막으로 10여 년 동안 서울과 경주 사이의 18만이 넘는 거리를 나와 함께하면서 단 한 번도 문제를 일으키지 않은 기아자동차 〈엔터프라이즈〉를 2019년 말 폐차 처분하고 운전면허증도 자진 반납, 자동차와의 인연도 함께 정리하였다.

우리나라 자동차광고의 산 증인으로서 남은 여생을 부끄럽게 보내고 싶지도 않을 뿐더러 나를 밀어준 광고주의 사랑에 조금이나마 보답하는 의미에서 그 어떤 좋은 차라 할지라도 외제차 운전석에 앉은 나를 보여주는 것은 상상하기도 싫다.

우황청심원 광고를 빌어 한 마디로 표현한다면

"우리 것이 좋은 것이여!"

제 3 장
작품에 관한 이야기

꼭 필요한 컷!

있어도 그만 없어도 그만인 컷!

있어서는 안 되는 컷!

01

아이디어 그리고 크리에이터

어떤 일에 대한 참신한 생각이나 착상, 구상 따위를 일컫는 단어로 우리는 흔히 '아이디어'라는 말을 쓰고 있다. 그리고 이런 일을 직업으로 갖고 있는 사람들을 '크리에이터'라고 부른다. 광고를 기획하고 작품화하는 그룹은 바로 이런 일을 전문적으로 하는 크리에이터들의 집합체이기도하다.

창조적인 작업, 즉 이 세상에 없던 것을 만들어내는 일은 신만이 할 수 있는 일이고 인간이 만들어내는 크리에이터들의 작업이라는 것은 세상에 널려 있는 소재를 이용하여 새로운 이미지를 만들어내는 작업에 불과하다.

아이디어를 만들어내는 작업은 소위 특별한 사람들만이 할 수 있는 작업이라고 사람들은 생각하고 있다. 바로 이러한 생각들이 문제인 것이다. 누구나 할 수 있는 작업이고 누구나 만들 수 있는 일상적인 작업이라는 생각의 변화가 우선이다.

생활 속에서 보고 느끼고 경험하면서 얻은 소재들 속에서 전혀 어울리지 않을 것 같은 이질적인 소재를 결합하여 그 의미를 한 단계 높이고 넓혀주는 작업이 바로 '아이디어'인 것이다.

　일생동안 영상광고 700여 편을 만들면서 아이디어가 좋다고 평가된 작품들을 보면 살아오면서 보고 느끼고 체험한, 그야말로 주변의 흔한 소재들로 새롭게 꾸며낸 것들이 전부라고 말할 수 있다. 별것 아닌 것들이 어울려 서로의 의미를 살려주고 있는 것이다.

　누구나 아이디어맨이 되는 길, 새로운 소재는 언제나 가까운 곳에 있음을 인식하는 일이 먼저다.

02

아이디어를 손쉽게 얻는 방법

크리에이터들은 평소에 영상이나 인쇄물을 통하여 남이 만들어낸 작품들을 습관적으로 들추어보게 된다. 이러한 모습은 새로운 소재들을 찾아내려고 노력하는 과정의 하나이기도 하다.

이 과정에서 크리에이터들은 두 가지 작업 군으로 갈라지는데 바로 상상의 그룹과 모작의 그룹인 것이다. 첫 번째 그룹은 남이 만든 작품을 보면서 자신의 뇌에 자극을 주어 새로운 아이디어를 찾아내는 작업 군이고 다른 하나는 남의 작품을 보고 배우면서 유사한 영상을 만들어내는 작업 군이다. 소위 모작을 만들어내는 작업 군이 바로 여기에 속한다.

모작이라 해도 그 속에서 자신만의 독특한 기법을 플러스 알파로 첨가하면 좋으련만 모사족의 행태 속에는 거의 그런 노력이 보이지 않고 마이너스 알파로 마무리하는 것이 일반적이어서 작품을 보면 어디서 본 듯한 내용으로 다가오게 마련이다.

비록 작고 사소한 것이라 할지라도 작품 속에는 자기만의 표현능력을 찾으려는 노력이 절대적으로 요구된다.

　놀라운 아이디어 소재는 결코 먼 곳에 있지 않고 가까운 곳에 넘너른
하게 퍼져 있음을 크리에이터는 알아야 한다.
　좋은 아이디어는 결코 하늘에서 떨어지는 것이 아니다. 일상생활 속에
서 주변의 환경으로부터 보고 느끼고 참여하는 습관에서 굴러들어오는
것임을 알아야 한다.

03

시골 농촌이 준 소중한 체험들

초등학교와 중학과정을 충북의 구석진 괴산 산골에서 보내면서 자랐다. 농촌에서는 이른 봄부터 늦가을까지 일손이 부족한 시기다. 그렇기 때문에 걸어 다니는 사람은 누구나 한 가지씩 일을 맡아 처리하여야 하는 형편이었다.

이런 환경에서 나에게 주어진 주 업무는 가축들의 관리 업무여서 자연스럽게 그들과 나만의 대화를 통하여 함께 성장기를 보내게 된 것이다. 이 시기에 몸소 겪은 소중한 경험과 체험들은 내가 성장하여 영상광고라는 작품을 제작하는 데 있어서 그 누구도 흉내 낼 수 없는 나만의 드라마 영상을 만들게 한 원천이 된 것이다.

나는 어떤 동물이든 두려움 없이 접근하여 그들과 이야기를 나누는 것이 습관화되어 있다. 동물들의 감정은 눈을 보면 쉽게 읽을 수가 있다. 이런 경험이 나의 작품에 크나 큰 영향을 주리라고는 당시에는 생각지도 못한 내용이다.

사람과 함께 생활하는 가축이나 곤충들은 물론이고 주변의 날 새들과 냇가의 물고기에 이르기까지 오랫동안 함께 지내면서 이야기를 나누는 소중한 경험을 함께 했던 것이다.

　소, 말, 당나귀, 염소, 개, 닭, 오리, 다람쥐 등으로부터 뱀, 개구리, 지렁이, 메뚜기, 잠자리, 벌, 나비, 풍뎅이, 그리고 물놀이 친구들인 붕어, 메기, 송사리, 피라미, 메기, 뱀장어와 집 주변의 참새며 까치, 까마귀들 모두가 놀며 싸우며 장난을 치는 상대가 되었다.

　그런 내가 어렸을 때는 그들에게 장난기라는 명목으로 못된 짓을 많이 했던 갑질의 주인이었고 성인이 되어서는 작품을 한답시고 온갖 폭행을 다했으니 저 세상에 가서 용서를 빌어도 호락호락 보아주지는 않을 것 같다.

　콩밭으로 들어갔다고 소의 코뚜레를 미루나무에 바짝 매 벌을 준 일, 고무총으로 쏘아 까치를 괴롭힌 일, 삼태기로 참새들을 괴롭히던 일, 해부학 공부를 한답시고 사기그릇으로 생선 개구리를 괴롭힌 일, 누렁이에게 술과 담배를 권한 일, 닭들에게 최면을 걸어 괴롭힌 일, 독초를 짓이겨 물고기를 기절시키는 일, 나뭇가지에 붙은 잎을 떼어내면서 재수의 숫자놀이 등 하나하나 적기에는 너무나 많다.

　한 가지 특이한 점은 요즘처럼 잘 훈련된 놈은 한 놈도 없어 순수 그 자체들만 골라 못된 갑질을 하였으니, "이 죗값을 다 어쩌나요~?"

04

도깨비 같은 아이디어

광고쟁이에게는 항상 새로운 아이디어가 요구된다. 새로운 아이디어를 찾아내야 하는 직업적 요구가 본업이기 때문이다. 학계에서는 새로운 아이디어를 찾는 데 손쉬운 방법으로 브레인스토밍이라는 것을 이야기하고 있다. 이는 여러 사람이 모여 주제에 따른 아이디어를 내면서 새로운 아이디어로 발전시키는 손쉬운 방법으로 응용하기 때문이다.

브레인스토밍에서 우리가 가장 주의할 점은 혹자의 아이디어가 비록 도깨비 같은 아이디어라 할지라도 절대로 이를 비하하거나 주제에 맞지 않는다고 성급한 평가를 내려서는 안 된다는 점이다.

"이것도 아이디어라고 내놓은 거야?"
"이건 아니지, 전혀 어울리지 않아."
"좀 더 기발한 건 없어?"

30여 년간 만든 700여 편의 영상작품 속에서 그 내용을 살펴보면 창조적인 작업이라기보다는 잘 꾸려낸 짧은 이야기라는 것이 더 적절한 표현이 아닌가 생각된다. 전혀 어울리지 않을 것 같은 내용이나 도깨비 같은 화면들이 한 자리에 모여서 서로를 도와주고 흥미를 돋구어주는 것을 보면 브레인스토밍이란 작업이 왜 필요한지를 이해하게 된다.

그렇기 때문에 도깨비 같은 아이디어나 소재가 많을수록 좋은 작품이 새롭게 만들어질 기회가 많아진다는 것을 간과해서는 안 된다. 전혀 어울리지 않을 것 같은 소재나 이야기가 도깨비 같은 아이디어를 만나 새롭게 탄생할 때 그 느낌은 백 배 천 배 살아나 꿈틀거리며 춤을 춘다.

그래서 광고는 누구나 만들 수 있는 작업이지만 아무나 쉽게 만들어내는 작품이 아니라는 정설이 나온 것이다.

05

하나를 보면서 열 개를 생각한다

우리는 평생을 살아오면서 우연이든 고의적이든 많은 것을 보고 느끼고 생각하게 하는 일들과 함께한다. 그러나 스쳐지나가는 이런 모든 것들이 크리에이터들에게는 얼마나 중요한 것인지를 느끼지 못하며 지나쳐버리는 것이 일반적이다.

광고쟁이 특히 크리에이터에게는 많은 체험과 경험이 필요하다. 한 분야의 전문가가 아니라 많은 분야의 넓은 지식과 필링을 필요로 하기 때문이다.

싸이클링 선수보다는 싸이클링을 포함하여 육상과 구기 종목 모두에 능숙한 일반 선수가 되는 것이 광고 크리에이터에게는 더 적절한 표현이 될 것이다.

워킹을 하다가 어느 지점에서 휴식을 취하는 경우 혹자는 하나의 소재를 보게 되고 누구는 여러 소재를 동시에 보게 된다. 보고 느끼는 주제가 다양하게 나타난다.

휴식을 취할 수 있는 분위기로부터 담벼락, 나무숲, 골목길, 지나가는 행인. 그들의 이야기꺼리 등등 그 소재는 무궁무진한 것이 아닌가.

매주 한 코스로 북한산을 찾는 이보다는 여러 코스로 시간을 달리하여 찾는 사람이 북한산에 대하여 더 많은 것을 알게 된다. 나는 주말마다 똑같은 장소에 똑같은 목적으로 똑같은 행위를 반복하는 사람은 나름대로의 목적이 있겠지만 크리에이터로서의 행위로는 적절하지 않다고 생각한다.

시간도 달리, 장소도 달리, 목적도 달리하여 보다 많은 체험을 자신만의 체험으로 찾아내는 사람이야말로 진정한 아이디어맨이 될 수 있을 것이다.

오늘부터 행동의 패턴, 생각의 방향을 바꿔 봅시다!

06

고민은 책상에서 하고
현장에선 다리품을 팔아야

연출자의 실질적인 작업은 스토리보드(Story Board) 작업으로부터 시작된다. 아이디어 회의를 거치고 협의된 내용을 바로 영상작업을 위한 가상작업으로 스토리보드를 작화해야 하는 것이다. 스토리보드가 작화되어 광고주의 승인을 얻게 되면 연출자는 바로 매 장면마다의 구체적인 영상과 길이를 정하는 연출 콘티(Continuity)를 만들어야 한다.

연출콘티는 예산의 산출로부터 출연자, 미술도구, 일정 및 시간 등 촬영에 필요한 모든 준비 요소들이 내재되어 있어야 하는 것으로 작품의 퀄리티를 결정지을 수 있는 중요한 작업단계이다.

바로 이 작업에서 연출자들은 나름대로의 상상력을 동원하여 연출 콘티를 세세하게 작성하는 것이 원하는 작품을 추출해낼 수 있는 가장 빠른 길이라고 믿는다.

문제는 연출 콘티를 적당히 작성하고 현장에서 부족한 부분을 찾는 연출자들이 대부분이라는 점이다. 이런 결과는 결국 같은 내용을 이렇게 저렇게 촬영하게 됨으로써 시간 낭비는 물론 촬영 스태프 모두를 피곤하게 만드는 요인이 되어 돌아오게 된다. 작품의 퀄리티에 결정적 마이너스 요인이 되기도 하는 것이다.

연출자 각자의 성격이나 스타일에 맞추어 작업을 진행하는 형식에 이의를 제기할 수는 없지만 한 가지 분명한 것은 테이블 위에서 나름대로 차별화가 이루어진 내용이라면 현장에서 여건에 따라 급조된 이야기와는 비교가 되지 않는다는 것이다.

테이블 위에서 고민한 내용들을 영상화하기 위하여 현장에서는 카메라 위치와 촬영시간, 출연자들의 움직임 등을 설정하는 노력으로 발품을 파는 것이 최상의 영상을 얻는 지름길이라는 것을 간과해서는 안 된다.

07

서론이 길면 주제로의 접근성이 떨어진다

어떤 주제를 놓고 이야기를 시작하면서 서론을 길게 늘어놓거나 이것 저것 잡다한 것을 재미있게 이야기하는 사람들을 우리 주변에서 자주 보게 된다. 결론이 나오기까지 스스로 흥분하고 열을 올려 이야기한다 해도 듣는 사람 입장에서 지루함을 느낀다면 서로간의 공감대 형성은 어려워지게 마련이다. 동료들이 참다못해 이야기를 끊고 한 마디 건넨다.

"그래서 어떻게 되었다는 거야?"
"그 다음이 재미있어." 하면서 서론은 계속된다.

영상에서도 마찬가지 원리가 적용된다. 주제로의 집중도를 높이기 위하여 간략하고 심플한 화면으로 이끌어 결론에 도달해야 하는 것이다.
평범한 첫 화면, 지나치게 긴 화면, 지나치게 빠른 화면의 연속과 자막, 주인공의 주변에 배치된 불요불급한 소품들, 불요불급한 행동, 특히 영상의 길이에 대한 무감각한 처리는 서론이 길다는 것과 같은 요소들이다. 작품의 흐름은 무난할지 몰라도 키 포인트로 접근하는 데는 결정적 저해요소가 되는 것들이다.

영상광고는 한두 번 시청으로 끝나지 않고 지속적으로 출현하기 때문에 위에서 지적한 요소들이 작품 속에 남아 있으면 기이하게도 보면 볼수록 시청자의 집중도를 떨어트리는 원흉이 되어가는 것이다.

영상광고 연출자는 출고하기 직전, 시청자의 입장에서 몇 번이고 보고 또 보면서 시각적으로 아주 미미한 부문이라 해도 아주 작은 한두 콤마의 길이라 해도 무심하게 넘기지 말고 처리하는 것이 작품을 살리고 커뮤니케이션 효과를 높이는 마지막 검색과정인 셈이다.

08

영상에서도 입체감이 살아야 한다

서라벌예술대학에 운 좋게 장학생으로 입학이 되면서 나는 주임교수이셨던 박고석 화백의 조수로 10여 년을 함께하는 영광을 갖게 된다.

서라벌예대를 졸업하고 홍익대 조각과에 편입학을 하게 되었다. 월남 조각가이신 차근호 선생님과의 인연으로 '차근호조각연구소'의 상근 조수로 재직하며 전공과목을 바꾸어 보기로 한 것이다.

이 시기에 4.19 학생의거가 일어났고 연이어 정부에서 수유리 4.19 의거 기념공원 설계공모가 있었는데 우연히도 서울대 교수와 차 교수의 작품에서 우열이 가려지지 않아 재(再)공모로 결정, 이 과정에서 이런저런 이유로 차근호 선생님이 자살을 택하시는 바람에 나는 또 다시 홀로 서는 아르바이트 생활로 진입하게 되고 전공도 다시 중앙대학교 회화과 3학년으로 재입학, 10여 년간의 학업에 종지부를 찍게 되었다.

앞에서 언급했지만 '통혁당 사건'에 휘말려 고초를 겪고 난 후 광고대행사 만보사에 입사, CD로서 코카콜라 영상광고를 만들게 된 것도 바로 이 시기다.

원남동에 화실을 갖고 계신 선생님의 사무실에 자주 들려 선생님이 들려주신 이야기는 지금도 선하다.

"평면적인 회화보다도 입체 조각을 해서 그런지 영상에서도 입체 감각을
느낄 수 있어서 좋아."

나에게 선생님의 이 한 마디는 너무나 큰 용기와 자신감을 불러준 계기가 되었다.

"우선은 영상으로 좋은 작품을 만드는 데 전력하자."

꿈을 버리고 딴 짓을 하고 다니던 죄책감으로 나는 선생님 앞에서 회화에 대한 이야기는 일절 피하고 있었다. 물론 보여드릴 작품도 없었지만.

대행사를 떠나 세종문화를 이끌어가던 시기에도 어찌된 일인지 선생님께서 평을 내려주신 작품의 소재는 거의 정확하게 모두가 나의 작품들이었다.

"요즘 나오는 XX광고 네 냄새가 난다."

작품을 보시는 시각에도 남다른 예리함이 보이는 한 마디시다.

09

사각화면에 표출되는 모든 소재는
출현 의미가 분명하여야

주제를 표현하기 위하여 카메라를 돌리려면 주인공의 입지나 주변 상황의 이해를 돕기 위한 환경 그리고 그 환경에 따르는 소품들이 등장하게 마련이다.

복잡한 환경조건 하에서 촬영을 진행한다 해서 있는 그대로를 담게 되면 시청자들의 시각이 분산되어 집중도가 떨어지는 것이다. 가능한 한 최적의 환경을 만들어주려면 불요불급한 소재들을 제거하고 꼭 있어야 할 소재들만 남겨두어야 한다.

고급 물품들로 가득 채운다고 화면이 고급스럽게 보인다고 생각하면 이는 큰 오산이다. 시골 할머니 옆에 멍멍이가 있다고 해서 시골스럽게 보인다고 생각하는 것도 오산이다. 그 물건이, 그 동물이 왜 그 자리에 있어야 하는지 주인공의 이야기 속에서 어떤 역할을 하고 있는지를 화면상으로 분명하게 표현하지 못한다면 그 소재는 거추장스러운 존재일

172 제3부 작품에 관한 이야기

뿐인 것이다.

분명하지 않은 행위는 움직이는 것에 우선적으로 주목하게 되는 시청자의 시각으로부터 초점을 이동시켜 초점을 분산시킬 뿐이다. 시청자들의 시선을 사로잡기 위하여 주인공을 제외한 주변 여건에 초점을 맞추지 않고 촬영하는 이유도 바로 거기에 있는 것이다.

화면 안에 나타나는 주인공과 조연들 그리고 정해진 환경 속에서 출현되는 여러 동식물이나 소품들, 이들 모두가 작은 사각 속의 화면에 출현하는 이유가 분명하지 않으면 시각의 초점은 물론 주제의 뜻을 흐리게 할 뿐이다.

모든 소재나 조건은 이야기 주제에 정확하게 맞추어진 것들로 그리고 이들을 단순화시키는 일이 우선이다.

10

출연자가 연기를 해서는
절대로 공감을 얻지 못한다

기성인이든 초보자든 간에 카메라 앞에 서면 우선은 잘해낼 수 있을지에 대한 두려움이 앞선다. 자기가 선택된 이유를 정확히 이해하지 못한 상태에서 연출자에 대한 선입견도 있어 우선은 불안함이 앞서게 마련이다. 연출자는 출연자들의 이러한 불안감 내지는 자기의 역할에 대해 불안한 마음을 불식시키고 자신감을 심어주는 일이 최우선이다.

특정한 역할이 주어지면 본의 아니게 주어진 역할에 충실하고자 본인 스스로 소위 표정 연습을 하고 오는 출연자도 있다. 거울 앞에서 열심히 연습한다든가 대사를 만들어 읊어본다든가 하는 일들이 여기에 속한다.
광고영상에서 이런 상항은 실제의 모습이 아니고 억지 연기가 되기 때문에 전혀 다른 이미지를 주게 되어 원하는 영상을 얻기 힘들어진다.
부담을 주지 않는 자연인 그대로의 모습, 순수한 본인의 모습을 얻기 위해서는 무엇보다도 대화를 통하여 본인의 살아온 경험을 들으면서 포인트를 포착하는 일이 우선일 것이다. 출연자만의 특색이나 캐릭터를 찾아내 이를 응용하면 원하는 상황을 표출시키기 용이한 점이 있기 때문이다.

광고에 출연하는 탤런트도 무조건 유명세로 선택되는 것이 아니고 원하는 스타일에 가장 가까운 인간 연기자를 선정하는 이유가 바로 거기에 있는 것이다.

연기에 능한 유명 탤런트라 하여도 광고주의 선정을 받지 못하는 가장 큰 이유는 신뢰를 최우선으로 하기 때문에 연기력보다는 일상적인 본인 자신의 모습을 통하여 인기를 얻어야 한다. 역사를 소재로 한 주인공보다 일상생활에서의 소재로 히트한 드라마 출연자들을 선호하는 이유도 바로 거기에 있다.

유명인이 손쉽게 자기 본래의 모습을 보여준다든가 자연인을 적격 모델로 선정하여 자연스럽게 연기를 표출시키는 비결,

"영감님 젊으셨을 때 뭘 하고 지내셨어요?"
"요즘은 뭘 하면서 지내는가?"

자기 이야기이니 잘할 수밖에,
내게 붙여진 아마추어 킬러란 별명은 그래서 따라다니게 되었다.

11

유명인에게 시간은 곧 돈이다

작품이 방영된 후의 평가는 그 내용의 전달효과에 성패가 달렸지만 누구를 주 모델로 선정하였는가의 영향도 무시할 수 없다. 탤런트나 유명인사들 중에는 광고주에게 인기가 높은 사람도 있고 유명세에 비하여 광고주의 선임을 받지 못하는 인사도 있다. 이들이 선택되지 않는 이유와 유명세는 전혀 별개의 문제다.

광고에 자주 출연하는 경우라도 우리가 흔히 일컫는 유명인 중에서 온몸으로 연기를 하지 않고 입으로만 중얼댄다든가 누가 시켜서 하는 모습 등으로 보이는 것 등은 적합지 않은 대표적인 표현이다. 구체적으로 말하자면 연출자와 연기자가 동시에 화면에 나타나는 현상이다.

이런 결과를 보여주는 작품은 우선은 연출자의 책임이 크다. 테이블에서 고민할 내용을 현장까지 들고 와 이렇게 저렇게 시도해 보는 극히 연출 초보자의 모습에서 노련한 연기자들의 인내를 넘어선 반항으로 나타나기도 한다.

일반적으로 유명인들에게는 시간이 곧 머니(money)라는 생각을 갖고 있다. 때문에 무리하게 시간을 끌고 간다든가 효율적으로 시간을 활용하지 못하면 그 불만이 연기로 은밀하게 표출되는 것이다. 그러나 그런 표현은 결과적으로 본인에게 언제인가는 마이너스로 되돌아온다는 점도 이해하기를 바라는 마음이다.

사전에 촬영의 시작과 끝의 시간을 예측하여 이를 명확하게 지켜주는 것이 출연자들에 대한 예우이자 도리, 새벽부터 출연하여 밤샘을 밥 먹듯이 한다면 누가 그 연출자와 함께하려 하겠는가.

연출자가 연출자답기 위해서는 테이블에서 일하는 시간을 더 효율적으로 활용하여야 한다. 장면마다의 길이, 사이즈, 그리고 엑스트라 컷까지 가상하여 준비하고 제작 준비시간과 본 촬영시간까지 배분하는 노력이 배후에 있다면 현장에서 이런 불미스러운 모습은 일어나지 않을 것이다.

12

연출자가 가장 두려워하여야 할 것은
'연출 내음'

매일 접하는 영상광고, 어떤 것은 기억에 남고 어떤 것은 그저 그런 것으로 지나가 버리고 어떤 것은 흔적도 없이 사라진다. 시청자가 타깃 그룹이 아닌 이유로 하여 사람마다 각기 다른 흔적을 남기는 것이 일반적인 현상이라 허지만 그 누구에게도 마음속으로 파고들지 못하는 작품은 어떤 것일까.

작품 속에는 우리가 이해할 수 있는 광고, 이해할 수는 있지만 남의 이야기로 설정되어 있는 광고, 그리고 전혀 알 수가 없는 광고로 구분된다. 광고를 보고 타깃 그룹이 공감하고, 기억하고, 그리고 구매에 이르기까지는 그리 용이한 일은 아니다. 이것은 공감의 척도에서 벌어지는 결과인 것이다.

영상작품에서 공감의 척도를 저하시키는 요소는 무엇일까.

전달 내용을 온 몸으로 말하지 않고 입으로만 중얼거린다, 앞뒤 연결을 생각하지 않고 주어진 부분만 능숙하게 연기한다, 자연스런 움직임이 전혀 보이지 않고 목석처럼 서서 손짓 발짓으로 이야기한다, 등등 화면에 보이지는 않지만 연출자의 큐 소리가 드러나 보이는 영상을 우리는 쉽게 접할 수 있다. 바로 '연출 내음'이 보이는 화면들이다.

아마추어든 연기 전문인이든 출연자의 입장에서는 본인 자신이 연기를 한다는 생각을 버리고 주어진 주제를 소화하는 자연인, 즉 본인이 갖고 있는 순수성을 보여주는 것이 가장 중요한 포인트인 것이다.

광고는 인기인의 출연을 전달하는 표현으로 만들어서는 절대로 안 된다. 광고 주제에 대하여 출연자가 공감하고 그 느낌을 그대로 시청자에게 전달하는 과정의 하나가 되어야 하는 것이다. 결과적으로 보면 연출자가 체크하여야 할 최종 포인트는 대사를 녹화하는 것이 아니라 대사가 주는 느낌을 표현하여야만 하는 것이다.

광고 출연이 쉽지 않다는 이유, 바로 여기에 있는 것이다.

13

우리나라 자동차 광고의 시발점이 되다

　우리나라 첫 자동차 광고는 1978년 새한자동차를 인수한 대우그룹 기획조정실에서 발주한 것인데 불행하게도 첫 작품은 빛을 보지 못한 채 사장되는 신세가 되었다. 그룹의 총수이신 김우중 회장이 시사장에서 자동차를 알지 못하는 감독의 작품이라고 평을 내림으로써 사장되고 만 것이다.

　자동차에 대한 기초적인 상식도 없이 자동차 3대를 인수받아 스튜디오에서 촬영을 진행하면서 신차 3대를 모두 손상시킨 현행범이기도 한 필자는 그야말로 시사 결과에 대해 할 말을 잃고 있었다. 당시는 지금처럼 참고자료나 외국 광고를 참고할 수 있는 영상 환경이 절벽에 가까워 처음으로 대하는 자동차 광고의 실마리 찾기도 어려운 현실이었다.

　필자는 명예회복을 위하여 결과에 대한 획기적인 제안을 제시하였다. 자동차 한 대만 다시 제공해 주면 새로운 커머셜을 제작할 것이며 결과가 원하는 수준에 이르지 못하면 제작비 일체를 받지 않고 무상으로 서비스하겠다는 내용이었다.

자동차 한 대를 이끌고 서해안을 무작정 주행하면서 아이디어를 찾기 시작했다. 드디어 나타난 곳이 안면도 해변의 백사장, 전속력으로 달려도 10분을 주행할 수 있는 백사장과 주변에 모래언덕까지 구비되어 있어서 마치 미 서부극의 대서사시처럼 한 편의 드라마를 만들 수 있겠다고 생각했다.

바로 이곳에서 자동차와 말을 탄 여인의 〈랑데뷰〉 드라마를 구상하게 된 것이다. 말을 탄 여인이 해변을 달리는 자동차를 발견하고 전속력으로 달려와 자동차와 '랑데뷰'하면서 끝내는 말을 버리고 자동차를 선택하는 스토리인 것이다.

시사 결과는 긍정적이어서 실추된 이미지 회복은 물론 제작비도 챙기고 트로피도 챙기는 경사가 이어졌다

영상광고는 물론 인쇄광고 하나도 볼 수 없는 현실에서 새차만 고물로 만들어 놓고 광고는 나가지도 못했다.
자존심을 살리고자 독자적인 모험을 단행한 새한자동차 랑데부 광고

14

백두산 신령님 감사합니다!

우리나라가 이웃나라인 중국과 국교를 맺기 이전인 1991년 가을, 어릴 적부터 신성시하던 백두산을 무대로 롯데칠성 사이다 광고를 촬영하기로 한 것이다.

직선거리로 한두 시간이면 족한 항공거리를 홍콩을 거쳐 북경과 연변까지는 항공노선으로, 그리고 연변에서 백두산으로 가는 길은 자동차에 실려 4시간여 걸리는 편도 2박3일의 장도여행이었다.

여행길도 길이지만 비수교국인 데다 백두산은 많은 북한 동포들이 관광객으로 모여드는 장소이기에 조심스러운 분위기 속에서 촬영이 진행되었다. 백두산 정상, 천지, 장백폭포, 소천지, 그리고 숲을 주제로 일주일 머무는 동안 용케도 하늘의 도움이 있어 날씨의 변동이 없었으니 참으로 놀라운 일정의 연속이었다.

밤새 시끄럽게 바람도 불고 천둥도 치고 비도 오곤 했으나 아침만 되면 매일 맑은 하늘에 바람도 없는 낮 시간을 선물로 받았으니 이 얼마나 축복받을 일인가.

문제는 마지막 날 일정이었다. 수백 년을 함께한 나무들의 숲을 찾아야 하는데 현지 가이드가 소개하는 조림 숲은 우리나라에서도 흔히 볼 수 있는 수준이어서 하루 종일 헤매다가 어쩔 수 없이 숲의 주제를 포기하는 것으로 일단락 지었다.

다음날 아침에 철수하기로 하고 가벼운 마음으로 잠자리에 들었는데 어찌된 일인지 마지막 작품의 소재를 건지지 못한 아쉬움으로 잠을 청할 수가 없었다. 밤새 엎치락덮치락하다 새벽에 잠깐 잠이 들었는데 장소 헌팅 도중에 비포장도로에서 덜커덩거리며 잠시 멈칫했던 장소가 자꾸만 머릿속에서 맴돌고 있었다.

다음날 아침 모든 스태프들에게 마지막 촬영을 철수 도중에 할 것이니 촬영준비에 만전을 기할 것을 명하고 기억속의 장소를 찾아 먼저 떠났다.

오 하느님! 멀리도 아니고 숙소에서 20여 분 거리에, 그것도 큰길가 바로 옆 10m쯤의 거리에 문제의 별천지 같은 숲의 세계가 전개되어 있는 것이었다. 함께 움직인 현지 주재 공안원도 놀라워하면서 이런 곳을 어떻게 찾아냈느냐고 연신 혀를 휘두르고 있었다.

숲을 끝으로 백두산의 다섯 가지 주제 영상이 순조롭게 끝맺음을 하게 되었음은 물론이다. 그런데 촬영이 마무리되고 철수하는 순간 다시 한 번 놀라게 된다. 그 맑고 깨끗한 하늘이 서서히 흐려지기 시작했다. 멀리 백두산 정상이 시야에서 흐려지기 시작한 것이다.

"백두산 신령님! 감사합니다."

북경 컬러현상소에서 기분 좋은 평가가 나왔다.

"창사 이래 가장 깨끗하고 아름다운 영상이다."

백두산 천지, 날씨와 촬영조건이 너무나 황홀하여
30여분간 천지 앞에서 눈물을 흘리며 감사인사를 올렸다.
미인송 숲을 찾아 거닐면서 너무나 멋진 모습에
다시 한 번 감사인사와 함께 작별인사를 올렸다.

15

쓰레기 같은 아이디어가 명품이 되었다

대우전자의 1987년도 신제품인 오디오 콤퍼넌트 〈마제스타〉 광고를 제작할 때의 이야기다. 당시 대행사는 오리콤이었는데 스토리보드에는 늘 보아왔던 사물놀이 컷 몇 장면뿐이어서 언뜻 보기에도 너무나 평범한 소재였던 것이다.

더욱이 모 제약회사 광고의 소재로도 활용되었던 내용이기에 대우전자 실무진들은 신제품광고 특히 전자제품 광고로는 적절치 않다는 의견이 대부분이었다고 한다. 그런 소재가 어떻게 통과되어 작품화할 수 있었던 것일까.

객관적으로 보아도 우리나라 고유의 단순한 사물놀이와 전자제품과는 어딘가 어색해 보이는 것이 사실이다. 섬세하고 멋있는 현악 4중주나 오케스트라 연주곡을 주제로 삼는 것이 멋있을 것이라는 것이 일반적 판단인 것이다. 여기에서 도깨비 같은 아이디어가 출몰한 것이다. 바로 사물놀이 촬영이 아니라 사물놀이 스태프의 혼을 촬영하는, 즉 이제까지의 상식에서 벗어나 전혀 다른 관점에서 연출의 초점을 맞추겠다는 것이 설득의 주요 포인트였다.

그렇기 때문에 촬영 현장에서는 연주자들의 혼을 담는 작업으로 사물놀이이면서도 기존의 사물놀이 모습과는 전혀 다른 무아지경의 혼을 쏟는 영상을 잡아내는 데 주력하였던 것이다.

장시간 연주에 진력을 다한 사물놀이 연주단에게도 감사한 마음이지만 사물놀이 주제를 연출자에게 일임한다는 대우전자 대표이사님의 결정에 무한한 감사의 인사를 표하면서 좋은 작품은 광고주 대행사 제작사가 한 라인으로 서야 가능하다는 업계의 정론을 입증하게 되어 더욱 보람을 갖게 된 작품이기도 하다.

이 작품은 국내에서 한국방송광고 대상을, 그리고 칸느 국제광고제에서 네이셔널 프라이즈상을 안겨줌으로써 광고주의 신뢰에 보답하는 작품이 되었다.

Q-30 국내외광고상 수상작 모음집

국내외에서 우수작품으로 인정 받은 마제스타 사물놀이 작품
전혀 어울리지 않을 것 같은 사물놀이 소재도 소재이지만
이 작품을 과감하게 추진시켜 준 대우전자의 결정에 감사할 뿐이다.

16

끝까지 도전하는 자에게 복이 있나니

백두산 로케이션에서도 이야기한 바 있지만 나는 가끔 예기치 않은 누군가의 도움을 받는 경우가 많았다. 그렇다고 어려울 때마다 도움을 예상하며 은근히 기대해본 적은 단 한 번도 없다. 단지 지나고 보면 나 자신도 이상하리만치 그 결과에 대하여 감사한 마음을 금할 수 없게 된다.

SK텔레콤 〈스피드011의 한석규 사슴 편〉 제작에서 내가 그리는 영상은 두 가지였다. 일본 북해도에서 찾는 한국적 풍경이 그 하나이고 또 다른 하나는 눈 덮인 산꼭대기에 비치는 황금 빛 정상이었다. 앞의 것은 절대적인 조건이었고 뒤의 것은 간절한 소망이었다.

이른 아침부터 허리까지 빠지는 설원을 누비며 자리를 물색하기 시작했다. 눈은 충분했지만 풍경은 역시 일본적이어서 만족할 수가 없었다. 조그만 언덕 아래 농가가 하나 보였는데 말 한 마리가 마구간 앞에서 마른 풀잎을 먹고 있었다. 그 뒤로 살짝 언덕이 스쳐지나갔다. 처음엔 무심하게 지나쳤는데 어찌 된 일인지 말의 표정이 지쳐버린 나에게 자기 쪽으로 오라는 신호로 머리를 끄덕이고 있었다.

한 8킬로 정도 지나왔을까. 운전자에게 양해를 구하고 뒤돌아서 말이 있는 곳을 다시 찾았다. 최적의 장소는 아니지만 후보지로서는 역시 손색이 없었다. 다음날 오전에 계곡에서 구조를 기다리는 어린 사슴을 먼저 촬영하고 오후 늦게 스태프와 함께 농장 현장으로 갔다. 그런데 농장 주인이 벌판에 박혀 있던 말뚝을 치워주는 것까지는 좋았는데 촬영할 설원의 중심부를 여기저기 밟고 지나가고 만 것이었다. 주인을 나무랄 수도 없는 일이고 장소를 다시 찾아야겠구나 생각하며 말뚝이 박혀 있었던 곳으로 올라가 보았다.

'아니 이럴 수가!'

한 마디로 벌려진 내 입이 다물어지질 않았다. 말뚝이 박혀 있던 반대쪽으로 내 머릿속에 그리던 바로 그 산, 그 숲이 그야말로 한 치의 오차도 없이 완벽한 구도로 버티고 있는 것이었다. 만약 말뚝이 박혔던 장소에 올라오지도 않고 농부를 원망한 채 다른 곳으로 갔더라면 어찌 되었을까. 묘한 흥분 속에서 서둘러 촬영에 임하였다.

기적 같은 일은 다음날에도 있었다.

어둠 속에서 서서히 연출된 아침햇살, 너무도 황홀한 풍경, 카메라에 담기 시작했다. 이만하면 충분하다 생각하고 스위치를 끊자마자 순식간에 눈보라가 몰려오면서 시야를 가려버리는 것이었다. 방금 전의 그 찬란했던 산봉우리도 눈 깜짝할 사이에 사라져 버렸다. 몇 번을 생각해 보아도 너무나 신기한 자연의 조화이자 내게 베풀어준 특별한 혜택이 아닐 수 없었다.

방영 후의 결과도 좋았다. 현역에서 은퇴하는 나에게 다시 한 번 한국방송광고대상에서 대상의 영광을 마지막으로 안겨준 것이다.

20세기를 마무리하는 마지막 선물로는 너무 멋진 것이었다.

눈을 찾아 간 북해도 풍경은
조림사업으로 정리된 풍경으로
우리나라 산림과는 전혀 다른 느낌.
마지막으로 찾아 낸 풍경은
스케치한 그림과 이상하리만큼
일치하였다.

17

주인공을 살려주는 또 하나의 주인공,
엑스트라

아시아나항공 〈그리운 사람들〉을 촬영할 때의 일이다. 초등학교 꼬마와 멍멍이가 멀리 미국에서 오시는 할머니를 마중하러 골목길을 둘이서 달려 나가는 장면을 촬영하는데 결정적 위치에서 꼬마가 멍멍이를 멈칫 피해가는 현상이 자꾸만 되풀이된다.

"꼬마야, 이리와 봐, 멍멍이 만져봐. 무섭지 않지? 멍멍이는 너하고 같이 달리는 걸 좋아한단 말이야. 그러니까 피하지 말고 같이 뛰어가는거야, 알았어?"

그동안 멍멍이에 대한 존재는 꼬마에게 신경 쓰느라 미처 체크하지 못했다.

"멍멍이 어디 갔어, 이놈 도망간 거 아냐?"
"감독님, 여기 출발 준비 됐습니다!"

참으로 신기한 일이 눈앞에서 벌어지고 있었다.

"카아앗! 캇! 캇!"

꼬마의 계속된 실수에 감독의 짜증 섞인 명이 떨어지자마자 멍멍이는 앞발을 쭈우욱 내밀며 급정지를 한다. 그리곤 꼬마가 혼나는 동안, 멍멍이는 설렁설렁 모퉁이를 돌아 조감독에게 가고 있는 것이다. 그것도 한 번이 아닌 매번.

"조감독! 이번에도 안 되면 꼬마를 바꾸어야겠어, 동네에서 아이 좀
    찾아봐."

꼬마에게 겁을 주고서야 촬영을 마무리하게 되었다. 마지막 장면인 식사 장면에서도 멍멍이의 역할은 뜰에서부터 밥상에 이르기까지 정확하고 완벽하게 소화했음은 물론이다.
집으로 돌아와 잠을 자는데 멍멍이 그 놈이 머릿속에서 떠나질 않는다. 아침에 출근하자마자 조감독을 불렀다.

"야! 어제 그 멍멍이 말이야, 어디서 데려왔는지 가서 아예 돈 주고
    데려와. 여기 회사 마당에서 길러야겠다."

오후가 되어도 결과 보고를 하지 않는다.

"멍멍이 어떻게 됐어? 갔다 왔으면 보고를 해야 할 것 아냐?"
"그게 말이죠. 그게 말이죠."

말인즉슨 개를 돌려주고 난 후 바로 팔려갔고 팔려간 집을 찾아갔는데 이미 세상을 달리한 후였다고,

　일반적으로 엑스트라 하면 들러리 출연자로 생각하기 쉽지만 엑스트라 한 명의 역할이 주인공을 살려주고 작품을 돋보이게 하는 경우는 수도 없이 많다. 그만큼 무시할 수 없는 위치이자 역할이다. 주인공을 도와 보조 역활로 출연하는 또 하나의 주인공이다.
　멍멍이가 혹시나 전생에 엑스트라로 한이 맺혔다면 내가 그걸 풀어주려 했는데…….

연출자의 컷! 소리에 움직임을 멈추고
원래의 제자리로 돌아가 다음의 액션 구호를
기다리는 순둥이가 아닌 완벽한 엑스트라 출연자
이 인연을 끝으로 저 세상으로 가버려
길에서 개만 마주치면
순둥이 생각에 안타까움이 넘친다.

18

작은 차이가 큰 차이를 만든다

오리온 초코파이 광고의 〈정〉 시리즈는 제품 포장에 '정'이라는 글자를 대문짝만하게 바꿀 정도로 널리 알려진 캠페인이자 장수 상품이기도 하다.

〈정〉 시리즈 중에 원두막을 주제로 한 광고가 있다. 소낙비를 피해 남매가 원두막으로 피신하는 내용으로 동생이 누나의 무르팍을 베고 어리광부리는 장면이 있는데 사람만 그런 것이 아니라 다른 생물에서도 그런 정을 보이고 싶었다.

4~50마리의 개구리들이 동원되었다. 형제로 보이려면 크기도 맞아야 하지만 색깔도 비슷해야 하기 때문에 그 가운데서 두 놈을 골라서 수박 위에 올려놓고 비를 뿌리면서 카메라를 돌린다.

"레디, 카메라, 큐!"

원두막의 남매처럼 큰놈이 작은 놈을 끌어안는 장면을 만들기 위해서

다. 허지만, 개구리가 알아들을 리 만무. 아무리 협박을 해도, 살살 달래고 얼러도 움직였다 하면 펄쩍 뛰어 저만큼 수박 너머로 넘어가고 붙잡아 놓으면 또 넘어가고, 엄한 놈이 뛰는가 하면 동서남북으로 이놈 뛰면 저놈도 뛰고 많은 시간 많은 양의 필름을 쏟아 부었지만 얻은 것은 하나도 없다.

스태프들도 형제 개구리도 수없는 반복에 기진맥진. 이젠 회초리로 때리고 밀고 간질이고 온갖 수단을 동원하여 자극을 주어도 꿈쩍도 하지 않는다.

"이놈 안 되겠다. 빨대 좀 가져오너라!"

감독의 빨대 소리에 놀랐는지 슬그머니 움직이기 시작한다. 힘들게 한 발짝 기어가 코앞의 작은 놈 등에 슬그머니 턱을 고이며 엎어진다.

"캇! 카~앗!"
"이놈이 이제야 감독님 의도를 알아차린 모양이네요."
"아냐, 똥구멍으로 바람을 넣으려 하니까 겁이 난 거지 뭐, ㅋㅋㅋ."

1초도 안 되는 길이의 장면을 잡으려고 엄청난 시간과 필름 그리고 비용을 쏟아 붓는다. 이런 것을 두고 제작비 과용이라고 말할 수 있을까.

남매간의 따뜻한 정을 강조하기 위하여 개구리 형제를 동원하여 같은 이미지의 행위를 포착하는데 3시간여 필름은 800피트 이상을 소모하였다.

19

브라질에서 고민하는 마지막 한 마디 "따봉"

    지구의 정반대쪽인 브라질 상파울로까지 달려가 롯데칠성 〈델몬트 오렌지주스 '따봉'〉을 찍으면서 겪은 체험적 이야기다. 헬리콥터로 달려가도 끝이 보이지 않을 정도의 광대한 오렌지 밭을 이곳저곳 시간에 맞추어 옮겨가며 촬영하면서도 끝내 머릿속을 떠나지 않는 고민거리가 있었으니 바로 심사 결과를 우리말로 할 것인가, 영어로 할 것인가, 아니면 현지 언어로 표현할 것인가에 대한 확신이 서지 않았기 때문이다.

    현지 프로듀서에게서 "따봉!"이라는 단어의 구체적인 의미를 듣고 최종 결론을 내렸다. "따봉!"으로.

    이 말의 뜻은 일상생활 속에서 우리가 흔히 사용하는 언어로 "좋아요!"와 같은 의미로서 여러 가지 긍정적인 의미가 내재되어 있는 브라질어 생활언어라는 것이다.

    좋아. 좋구먼, 좋다! 좋아~좋아 = 따봉, 따보옹, 따봉! 따봉~따봉

    문제는 "따봉!"이라는 외국어 표현이 1976년부터 시행되어 온 사전심의를 통과할 수 있을까 하는 점이다.

최고 최상의 표현 금지, 상호의 연호 금지 등 초보적이고 상식적인 규제 외에 다음과 같은 심의위원회의 방영 불가 조처를 보면 고민의 한계가 어느 선인지 짐작이 갈 것이다.

- 광고 카피는 순수 우리말의 표준어를 사용하라.
- 여자의 신체를 이용하여 직접 촬영한 제품광고는 방영불가
- 남과 비교하는 비교 광고 방영불가
- 그림과 오디오가 너무 잘 어울리는 제작물 방영불가
- 방송 본 프로그램보다 우수하게 촬영된 제작물 방영불가

심의 결과를 통보받는 제작자들의 입장에서 보면 이는 날벼락도 보통 날벼락이 아닌 청천벽력인 셈이다.

심의위원들에게 전하는 다음과 같은 내용의 메모장을 서류에 첨부하여 제출하도록 지시하였다.

"본 작품은 외국 현지에서 수입 농산물을 처리하는 단순한 내용이 아니고 현지 농산물이 우리나라 품질 규격에 적합한지를 심사하여 판결을 내리는, 국위를 제고시키는 내용으로 부득이 판결 결과를 현지 농민들이 알아들을 수 있는 언어로 처리하였으며 그 의미를 자막으로 설명하였음."

메모지의 효력이 있었는지 놀랍게도 무수정 통과라는 좋은 결과를 얻었음은 물론 시청자들 특히 농촌사람들은 "따봉!"이라는 말을 지금도 생활용어처럼 쓰고 있는 것이다.

"그거 따봉이네~!"

한국인 품질 검사원이 당도를 측정하고
합격판정을 내리면
긴장 속에서 지켜보던 주변의 현지인들이
따봉을 외치며 환호한다.

20

출연하는 동식물, 인간과 똑같이 대화를 나누어라

　광고 촬영에서는 짧은 순간에 주변의 여러 요소가 동시에 호흡을 맞추어야 하기 때문에 어느 한 출연자만 잘한다고 해서 마무리가 되는 것이 아니다. 그러한 이유로 연기자들도 한 장면을 얻기 위해 수십 번 반복을 하는 것이 상례다.
　특히 말 못 하는 존재들과 함께 출연하는 경우에는 더욱 그러하다. 같이 출연하는 사람도 힘들지만 말을 알아듣지 못하는 생물들이기에 오죽이나 힘이 들었을까를 생각하면 내 작품 속의 모든 생명들에게 절로 머리가 숙여진다.

　출연 전날에는 대체적으로 하루 종일 먹을 것을 주지 않는다. 이들이 가장 고통스러워하는 것은 주인이 보이지 않는 낯선 환경에서 며칠을 보내야 한다는 것이다. 뿐만 아니라 촬영 당일에는 표정을 얻기 위해 양념이나 물세례를 받거나 회초리로 매를 맞기도 한다. 눈치가 빠른 소들은 맛좋은 사료가 근처에 있으면 그 큰 눈으로 주인 눈치를 살피며 틈새를

노리다 나무에 매달리는 코뚜레 벌칙을 받기도 한다.

생물들의 출연도 이처럼 쉬운 일은 아니다. 경우에 따라서는 촬영 현장에서 명을 달리하는 경우도 생기게 마련이다. 아마도 동물애호가협회에서 나의 작업과정을 보았다면 틀림없이 동물학대죄로 고발하였을 것이다.

앞에서도 수차례 언급한 바 있지만 동물들에게도 인간과 똑같은 감정이 있고 느낌이 있다. 다만 대화를 하지 못해 소통이 이루어지지 않을 뿐이다.

나는 어떤 경우든 내 작품에 출연한 소재들과는 비록 그것이 흔해빠진 주변의 곤충들이라 해도 원래의 자리로 돌아가게끔 정리해주고 자리를 떠난다.

작품 속에서 역할을 수행하던 도중에 희생된 경우에는 땅에 정중히 묻어주고 살아 있으면 고향으로 보내주는 일이었다. 비록 출연 소재가 생활 속의 인기 있는 식자재라 해도 스태프들의 입으로 들어가는 일은 절대 금지시켰다.

그것으로나마 속죄하는 마음으로 위안을 받고 싶었기 때문이다

21

욕을 하는 일, 욕을 먹는 일

"카앗! 좋았어, 오늘 수고들 했다. 얼른얼른 정리하고 철수하도록 해."

나는 평소와 다름없이 스튜디오 촬영을 끝내고 연출 콘티와 옷을 챙겨 집으로 돌아오려고 하는데 오늘따라 스태프들의 행동이 이상하게 느껴졌다. 촬영이 종료되었다고 선언했는데도 라이트를 끄지 않은 채 그 자리에 서서 내 눈치만 보고 있는 것이 아닌가.

"어이 조감독, 오늘 무슨 일이 있었나?"

조감독이 우물쭈물하고 있는 사이 옆에 있던 조명감독이 얼른 내게로 다가서며 어렵게 말문을 연다.

"저어 감독님, 저희들은 오늘 밤을 새워도 괜찮습니다. 마음에 드시지 않으면 처음부터 전부 다시 찍으시죠?"

"무슨 헛소리를 하는 거야. 어떤 놈이 뭐라고 그래?"

"그게 아니고요, 실은 저~ 오늘은 저어, 감독님이 한 번도 욕을 안 하셨거덩요."

나는 한참을 어이없이 웃다가 큰소리로 스태프를 향해 한 마디 던졌다.

"좋았어 씨양, 됐냐?"

이 말이 떨어지자마자 여기저기서 웃음소리가 들리면서 활기를 되찾기 시작한다.

내 나이 50이 되던 새해 초, 사내 임원회의에서 여러 가지 협의사항 중에 나이가 있으니 이제부터는 쌍스러운 표현도 하지 말았으면 하는 건의가 있었다. 그다지 큰 문제가 아니어서 바로 고쳐나가겠다고 답한 후의 첫 촬영 스냅인 것이다.

현장 스태프들은 종전에 볼 수 없었던 무거운(?), 그리고 긴장된 분위기 속에서 내 눈치만 살피며 일을 하였던 것이다. 결정적 순간이 오면 '좋았어 씨양' 하는 고함소리가 들려야 하는데 그날따라 하루 종일 점잖게 넘어가고 있으니 지금 생각해 보아도 당시의 스태프들이 얼마나 답답했을까 상상이 가고도 남는다.

일반적으로 이런 쌍스러운 말은 하는 사람이나 듣는 사람 모두 유쾌하지 않은 것이 상례인데 언제부터인가 내게는 이와는 정반대로 아주 기분 좋거나 최상의 순간에 쓰는 형용사로 통하게 되었다. 쌍스러운 말을 가장 쌍스럽지 않게 쓰는 사람으로 지칭할 만큼 나의 이미지화되어 있는 표현인 것이다.

초긴장 상태에서 모든 조건들이 하나의 목표지점으로 집합되어 기대했던 최상의 모습이 재현되고 그것을 놓치지 않고 정확히 잡아냈을 때, 그 순간이야말로 어떤 형용사로도 표현이 부족하기에 이를 역(逆)표현으로 쓰게 된 것이 습관화된 것이다.
이제는 이 표현을 쓸 기회도 없지만…….

22

보이는 것을 찍는 것이 아니라
마음을 찍는 작업이다

눈보라가 휘몰아치는 혹독한 추위 속에서 노부부가 황태덕장에서 작업을 하는 경동보일러 광고, 보는 사람들에게 이 추위를 전달하기에는 눈보라만으로는 어딘가 미흡하다고 생각하고 있었다. 장소를 옮기는 과정에서 농가 마루 밑에서 놀고 있는 강아지가 살짝 보였다.

"저거다!"

명을 받은 조감독이 농가를 다녀오더니 풀이 죽어서 소리가 목구멍으로 숨어들어간다.

"출산한 지 얼마 되지 않아 어렵다고 하시던데요."
"야 이눔아! 강아지만 데려온다고 하면 그게 되겠냐? 어미 개하고
 강아지, 주인 모두 동원해!"

개는 웬만한 추위에 끄떡도 하지 않는 동물이기에 나름대로 새끼에게

겁을 주어 원하는 모습을 잡기로 생각했다. 어미 개는 주인의 가랑이 안에 가두어 놓고 나는 가는 회초리를 들고 어미 개 옆에 서 있다가 품에 안고 있던 강아지를 눈밭 언덕으로 던져 버린다. 폭신폭신한 눈밭에서 놀기를 좋아하는 강아지가 처음에는 신나게 눈구덩이를 헤치고 어미 곁으로 달려온다. 내려오자마자 회초리로 콧등을 한두 대 살짝 때려준다.

"이놈아 어미한테 내려오면 안 돼, 알았어! 거기서 기다리란 말이야."

다시 2~3미터 언덕 위로 던져진다. 두세 번 반복하다 보니 강아지도 눈치를 챈 듯 선뜻 내려오지 못하고 엄마 곁에 갈 수 없는 것이 두려워 나를 보면서 잠시 떨고 있었다. 작품을 살려주는 절대적인 장면이 보이자 나보다는 카메라 쪽에서 쾌재를 부른다.

"오 오케이, 좋았어!"

눈구덩이에 앉아서 바르르 떨고 있는 강아지, 보이는 것은 강아지가 무서워 떠는 것이지만 느껴지는 것은 영락없이 할머니 할아버지가 엄동설한에 개울에서 수고하시는 모습에 안타까운 마음의 표현이다.
엄마 품으로 돌아온 강아지는 꼬리가 떨어져라 흔들고 어미는 애썼다고 새끼를 연신 핥아 주면서 주인의 눈치를 본다.

"아저씨 이거 얼마 안 되지만 저녁에 맛있는 것 좀 만들어 주세요."

경동보일러 "아버님댁에 보일러 놓아드려야겠어요"
엄동설한 대관령 골짜기에서 어름을 깨
흐르는 물에 생태를 씻는 노부부의 모습을 보면서
추위에 떨고 있는 강아지.
그 모습에서 추위의 강도를 짐작 해 준다.

23

편집에서 우선적으로 버려야 할 것들

영상작품을 완성시키는 과정에서 좋은 컷들을 골라 이어붙이는 과정을 편집 작업이라 칭한다. 촬영이 끝내고 수많은 컷 중에서 적정한 컷을 선별하는 작업으로 시작하여 길이를 정하고 흐름을 만드는 중요한 후반 작업의 하나다. 경우에 따라서는 훌륭한 작품이 졸작으로 변할 수도 있고 별것 아닌 내용이 명작으로 변할 수도 있는 과정이 바로 이 과정에서 벌어지는 사건이기도 하다.

일반적으로 편집은 좋은 컷을 우선적으로 선정해 연결하는 작업으로 인식하고 있는데, 컷을 연결하는 작업이 아니라 컷을 걸러내는 작업이라고 칭하기도 한다. 그것은 편집이 단순하지 않다는 것을 암시하는 정의이다.

편집 과정에서 연출자가 특별히 신경을 써야 할 점은 어떤 컷을 삽입하느냐보다 어떤 것을 제외시키느냐에 있다고 이야기한다.

예산이 많이 투입된 컷은 제작 내용과 연계되어 인정을 받고 싶은 컷이다. 그리고 유난스럽게 고생하며 찍은 컷, 이것은 내가 얼마나 어렵게 만들어낸 컷인가를 인정받기 위한 컷이다. 이 두 가지에 해당되는 컷을 잘라내기란 연출자에게는 쉽지 않은 결정이다. 영상을 통하여 예상했던 결과가 보이지 않을 뿐만 아니라 제작비 정산에서 걸림돌로 돌아오는 결과의 원흉이기 때문이다.

광고주가 볼 때 전자는 과연 그만한 예산이 들여야 할 만큼 중요한 컷인가 하는 판단이고, 후자는 화면으로는 고생한 과정의 어려움이 잘 보이지 않기 때문이다.

이 두 가지 영상은 초보 연출자에게는 첫 번째 고민의 대상이 되기 쉽다. 편집으로 넣어야 할지 빼야 할지를 고민하게 만든다. 초보 연출자들이 실 제작과정에 진입하면서 멋과 폼을 위한 것인지, 제품을 위한 것인지를 우선적으로 답해야 할 내용이자 대상이다. 우선적으로 버려야 할 미련이기도 하다.

24

시각운동의 기본은 좌에서 우로 움직이는 것이다

영상광고의 장점은 무엇일까? 인간은 시청각을 통하여 95%의 정보를 얻는다고 볼 때 TV광고가 얼마나 생활 속에서 중요한 위치에 있는가를 생각게 한다.

차별화를 이유로 단순한 화면에 자막 표출만으로 만든 영상광고, TV의 타임구입비, 그리고 제작비 등을 고려해 볼 때 애니메이션 스타일의 자막 광고가 과연 얼마나 깊은 커뮤니케이션 효과를 걷을 수 있을지 생각해 보아야 한다.

특히나 그 짧은 순간에 시각적으로 인지하기에도 바쁜 길이, 그리고 시각운동의 기본을 무시한 채 전개되는 자막의 크기와 움직임 등이 새로움, 차별화 등등의 이유만으로 시청자 앞에 전개되는 현상은 참으로 의아함을 넘어 이해하기 어려운 광고로 보인다. 비싼 타임 차지와 출연료, 그리고 제작비가 아깝지 않은가.

시각운동의 기본은 좌에서 우로 움직이는 것이며 같은 내용이라 하여도 레이아웃에 따라 주목률이 달라진다. 시청자가 자막을 찾아 나서야 하고 찾자마자 사라지면 결국 그 작품에 대한 집중도가 떨어져 관심 밖의 영상광고로 추락하게 된다.

인간의 시선은 문자보다도 그림에 우선하며 정지되어 있는 것보다는 움직이는 것에 주목한다고 전문가들은 이야기한다. 뿐만 아니라 일반인은 대층 레이아웃을 예술가나 창작 전문가들은 비(非)대층 레이아웃을 선호한다는 기본적인 상식에서 볼 때 영상광고는 예술작품이 아니라 커뮤니케이션 도구라는 점을 먼저 인식하여야 한다.

비록 정지된 영상위에 자막으로 커뮤니케이션 내용을 표기하더라도 최소한의 기본은 살려주어야 하는 것이 영상광고의 역할이 아니겠는가.

광고는 예술작품이기 전에 커뮤니케이션 역할의 도구이다!

25

시각과 청각의 절묘한 결합

사람은 태어나면서부터 오감을 통하여 정보를 얻는다고 한다. 보고 듣고 느끼고 생각하면서 그리고 기억으로 저장, 서로간의 커뮤니케이션을 만들어가는 것이다.

광고표현의 과학적 메커니즘에서 우리가 눈여겨볼 것은 오감 중에서도 시각과 청각 기능을 통하여 각각 80%와 15%, 도합 95%를, 그리고 나머지 정보는 오감의 다른 부분을 통하여 얻는다는 것이다. 이는 시청각 정보가 인간의 생활 속에서 차지하는 범위가 그만큼 넓고 크다는 것과 중요한 위치를 차지하고 있다는 것을 의미한다.

영상작품이 주는 내용을 이해하기 위하여 인간은 필연적으로 청각과 시각을 동원한다. 그러한 연유로 청각과 시각의 적절한 화합은 영상작품의 퀄리티에 절대적인 요소가 되는 것이다.

청각을 통하여 들리는 리듬이 있으면 리듬에 따르는 시각의 호흡이 일치하게 일어나야 하는데 이 두 가지 요건이 엇박자를 치게 되면 영상에 대한 집중도도 현격하게 떨어지는 것이다.

특히 전달과정에서 오디오와 영상의 호흡이 일치하지 않으면 순간적으로 시각이 멈추게 되고 그 순간 다음의 영상은 의미 없이 흘러가 버린다는 것이다. 커뮤니케이션의 결정적 결함이 일어나지만 문제는 이를 발견하기가 쉽지 않다는 점이다.

언어의 시작은 준비 음이 전제되어야 하고 마지막 결언은 여운이 살아 있어야 한다. 예를 들면 오디오 "이것이 전부다." = "으이것이 전부다아." 영상의 호흡이 적용되어야 한다.

보여주는 시각의 호흡과 들려주는 리듬의 호흡이 일치하지 않으면 전체적인 의미에서도 원하는 효과를 기대하기 어렵기에 처음부터 끝까지, 크게는 대범하게 그리고 작게는 소소하게 세심함을 보여주어야 한다.

26

음치(音癡), 박치(拍癡)는 그리고 각치(覺癡)

나는 친구들과 한 잔 걸치고 노래방에 가서 한 곡조 뽑을라치면 음정은 잘 맞추는데 박자가 맞지를 않아 놀림의 대상이 되기 쉽다.

"그 실력으로 영상을 어떻게 만드는지 몰라. 크크크."
"영상으로 보면 한두 콤마 길이를 길다 짧다 지적해 주는데 귀로는 잘 모르겠단 말이야. 크크크."
"천상 영상감독이나 해 먹어야지 뭐. 크크크."

우리말 사전에 보면 음치와 박치라는 말이 있다. 전자는 음을 제대로 표현하지 못하는 사람을, 그리고 후자는 박자를 제대로 맞추지 못하는 사람을 일컬어 표현하는 말이다. 감각이 둔하다는 의미로 시각의 각치라 는 표현도 있을 법한데 사전에서는 각치를 뿔각 자에 올빼미 치자로 올 빼미과의 수리부엉이를 지칭할 뿐이다.

영상제작자에게는 시각으로 리듬을 맞추는 감각이 매우 중요하다. 영

상의 흐름은 길이에 따른 리듬이 있는데 필름은 초당 24프레임, 테이프는 30프레임 길이로 계산된다. 각각의 컷들이 리듬에 맞추어 연결되는데 이 과정에서 정확히 길이를 맞추지 못하면 작품의 이해도나 집중력이 떨어져 보는 사람들의 집중력은 물론 가장 중요한 공감대를 이루기가 어려워진다.

문제의 심각성은 시청자나 연출자들은 감각적으로 느낄 수는 있지만 어느 부분이 문제인지 함정을 찾아낼 수는 없다는 점이고 영상제작자들에게도 이런 각치가 존재한다는 점이다.

광고는 영화나 드라마와 달리 일정기간 연속적으로 방영되기 때문에 리듬이나 감각이 정확히 일치하지 않으면 예기치 못한 시청자의 반응을 초래하게 된다. 보면 볼수록 이해와 공감대를 높이고 흥미를 더해 주어야 하는데 그와 반대의 감정으로 흘러가는 원흉이 되기 때문이다. 길이에 대하여 더 심각하게 검토하여야 할 점은 한 컷의 길이가 두세 콤마 길거나 모자라도 일반적으로 이를 찾아내기가 어려워 무심해진다는 점이다.

영상감독은 아무리 훌륭한 컨셉트의 작품도 일정 기간 방송을 타면 두세 콤마의 길이가 시간이 갈수록 늘어나면서 무관심의 주범으로 변한다는 점을 잊어서는 안 된다.

27

무음도 카피의 한 구절이다

영상작품의 제작은 처음부터 스토리 보드에 의한 영상화면과 카피, 그리고 여기에 부수되는 음악이 설정되어 제시되는 것이 특징이다. 이렇게 설정된 안은 15초로부터 길게는 2~3분 정도의 길이로 구분되어 제시된다.

작품의 전반 작업인 촬영이 종료되면 후반 작업인 편집, 녹음, 더빙 등의 소위 포스트프로덕션 작업으로 진입하게 되는데 마지막 단계에서 녹음과 더빙 과정을 거치게 마련이다. 정해진 길이 내에서 음악과 함께 전달하고 싶은 내용의 문안과 효과음 등이 삽입되는 작업이다.

영상광고는 15초를 기준으로 20초, 30초, 60초, 그리고 분 단위의 길이로 구분된다. 일반적으로 시청자들이 가장 많이 접할 수 있는 광고는 당연 15초짜리 작품이다. 이 과정에서 시청자의 호흡은 생각하지 않고 무리하게 카피를 쑤셔 넣는 경우도 있지만 영상으로 보아서 이해하기 쉬운 내용에 굳이 카피로 설명할 필요가 없는 카피를 삽입하는 우(愚)를 범하기도 한다.

경우에 따라서는 무음으로 호흡을 조절하여 커뮤니케이션 효과를 증대시키는 경우도 나타난다. 청각을 위주로 하는 라디오 매체에서는 구체적인 설명이 삽입되어야 하지만 영상과 함께라면 호흡만으로 전달이 충분하기 때문이다.

짧은 시간 내에 글자의 숫자만을 생각하여 무리하게 카피를 삽입하다 보면 정작 결정적 장면이 살아나지 못하고 오히려 역효과로 이어진다는 점을 영상감독은 잊어서는 안 된다.

여기서 소위 무음도 카피라는 정론이 출현한다.

28

두세 프레임의 군더더기 살이 주는 효과

사내에서 자체적으로 시사해보면 별 문제가 없는 작품으로 판단되고 무사히 광고주 시사를 마치면 바로 '온 에어' 길로 접어든다. 그런데 예상했던 결과와는 달리 정반대의 반응으로 돌아오는 경우가 있다.

작품에서 음의 길이와 컷의 길이를 정산해 보아야 할 일이다. 매 컷마다 길이를 정하는 과정에서 리듬에 맞추어 편집하는 경우 화면의 길이와 음의 길이가 일치하지 않는 부분을 발견하게 된다. 특히 유능한 테크니컬 디렉터의 편집에서 자주 확인할 수 있는 문제로 느낌으로만 편집하고 완성 후에 마지막으로 프레임 수를 확인하지 않기 때문에 벌어지는 일이다.

편집 스위치를 터치하는 테크니컬 디렉터의 행동이 그날의 컨디션에 따라 한두 프레임 더 붙기도 하고 부족해지기도 한다는 사실을 인지하여야 한다. 그러므로 이를 바라보는 연출자도 그날의 컨디션에 따라 길이에 대한 감각이 달라진다고 보아야 할 것이다.

시청자들은 구체적으로 지적은 할 수 없지만 그런 문제점이 주는 느낌을 정확히 포착하고 있다는 증거다. 두세 프레임 정도가 무슨 문제랴싶지만 초당 30프레임의 정해진 길이를 무시한 군더더기 길이나 모자라는 길이의 느낌은 보면 볼수록 작품의 퀼리티는 물론 커뮤니케이션의 절박감마저 파먹는 원흉이 되고 만다.

영상광고는 한 번 보고 사라지는 작품이 아니기에 볼 적마다 흥미를 부가시켜 주어야 하는데 어찌된 일인지 보면 볼수록 긴박감이나 진실감이 떨어지고 맥이 풀리는 결과를 초래한다면 그 원흉이 바로 편집에서 무심코 넘긴 두세 콤마의 길이의 결과라는 사실을 명심하여야 한다.

연출자는 단 한 콤마라도 있으나마나 한 콤마, 있어선 안 되는 콤마가 얼마나 무서운 결과를 초래하는지 알아야 한다.

29

있어도 그만 없어도 그만인 존재의 놀라운 변신

광고로서의 방영 효과는 방영 후 형성되는 결과에서 확인된다. 의도
한 바대로 커뮤니케이션이 이루어져 구매효과나 여론이 형성되어 돌아
오기 때문이다.

의도한 바대로 이루어지건 이루어지지 않건 방영 후의 결과와 원인에
대한 분석은 제작 책임자의 절대적인 의무의 하나이자 자신의 발전을 도
모하는 필요불가결의 업무인 것이다.

일반적으로 방영이 종료된 작품은 감독을 비롯하여 관련 스태프들의
관심에서 벗어나게 마련이다. 크리에이티브 작업으로서, 비즈니스 작업
으로서 소임을 다했다고 생각하기 때문이다. 스스로 단명을 재촉하는 결
코 바람직하지 않은 결론이다.

사람은 자기 자신의 노력에 따라 그 위치가 달라질 수 있다. 작품에서
작품을 구성하고 있는 컷들의 위치는 사람과 달리 한 번 박힌 이미지는
절대로 변하지 않는다. 더욱 놀라운 점은 긍정적인 점은 더욱 긍정적으

로, 부정적인 점은 더욱 부정적 이미지로 변신하여 작품 전체에 영향을 준다는 사실이다.

있어도 그만 없어도 그만인 컷을 그대로 놓아두면 그 자리에 머물러 있지 않고 다른 컷의 존재를 무시하게 하거나 끝내는 소리 없이 작품 자체를 망치는 원흉으로 변신하기도 한다. 이에 반하여 앞뒤 컷의 존재 의미를 부가시켜 전체적으로 작품의 가치를 높여주는 경우도 있다. 같은 내용의 변신이지만 결과적으로 돌아오는 효과는 하늘과 땅 차이다.

전자와 후자의 차이는 컷의 내용이 평범한 소재의 컷이냐 아니면 쉽게 접할 수 없는 절대적인 내용이 담겨 있느냐의 차이다. 1초도 안 되는 극히 짧은 인서트 영상이라 해도 삽입의 의미는 분명하여야 하며 독자적인 표현이 담겨 있어야만 작품이 살아 움직이는 것이다.

30

이야기는 살아 있고 주인공은 죽어 있다

모든 영상광고의 주인공은 사람이 아니라 바로 제품이 주인공이다. 그런데 이야기를 이끌어 가는 내용에는 엄청난 비용을 들여 표현하려고 애를 쓰는데 정작 주인공인 제품은 옛날 사진관에서 기념사진 촬영하듯 손쉽게 테이블에 앉혀 놓고 틀에 박힌 조명으로 찍어 버린다.

주인공인 제품도 살아 움직여야 한다. 전혀 어려운 상황이 아닌데도 불구하고 크리에이터들은 가만히 있는 것이 당연한 듯이 처리하기 일쑤다. 그 원인은 뭘까? 제품은 살아 움직이는 것이 아니라는 단순 논리 때문이라 쉽게 추정이 된다. 그러나 필자는 정반대의 논리를 제시하고 싶다.

제품이 살아 있으려면 출연한 사람들의 움직임이나 먹고 마시고 만져서 활용한 사람의 흔적이 제품에 남아 있어야 한다는 것이다.

광고영상이 방영된 후 많은 소비자들이 서슴없이 이야기를 한다.

"요즘 나오는 어느 광고 참 좋더라."
"그게 무슨 제품인데?"
"?"

이야기는 살아 있고 그 제품은 죽어 있다는 이야기다. 그야말로 최악의 결과다. 제품에 사람의 흔적이 남는다. 관련 소품이 움직인다. 환경이 바뀐다. 이런 등등의 표현을 무심하게 넘겨서는 절대로 제품이 살아남을 수가 없다.

별것 아닌 표현 하나로 죽어 있는 영상을 살아 움직이게 하는 것이야말로 크리에이터의 완벽한 능력이자 의무이고 가치가 아니겠는가.

31

설득의 주 대상은 연출자가 아니고 시청자

우리는 매일 TV든 휴대폰이든 영상광고를 본의 아니게 보게 되는 시청자의 입장이다. 광고영상에서 무엇보다도 중요한 것은 한 번 유인한 시청자의 시선을 중도에 이탈하지 않도록 고정시키는 일이다. 비록 짧은 시간이긴 하지만.

암스테르담 대학의 지프 후란첸 교수에 따르면, 인간의 감각 등록은 1초 이내에, 그리고 음향은 2초 이내에 이루어지며 시각은 0.3초 동안 응시하여 1초 이내에 주목할 만한 가치 여부를 결정한다고 한다.

의아한 장면이나 이해가 되지 않는 화면, 자연스럽지 않은 화면이 시각에 나타나면 순간적으로 의구심을 갖게 되고 화면에서 물러나게 된다. 그러는 사이 다음 화면은 의식되지 않은 채 흘러가 버려 올바른 커뮤니케이션이 이루어지지 못한다는 것이다.

광고의 주인공은 출연자가 아니고 출연자가 이야기하는 제품이기에 제품으로 유인하기 위한 출연자의 마무리 멘트에서의 시선 방향은 절대적으로 중요한 의미를 갖는다. 평상시에 서로간의 대화 장면에서 상대를 보지 않고 엉뚱한 곳이나 먼 산을 보고 이야기하는 경우를 상상해 보면 집중도에 대한 태도가 쉽게 이해될 것이다.

길이의 길고 짧음에 관계없이 화면의 변화나 멋을 이유로 결정적 순간에 시청자를 향하지 않고 엉뚱한 곳을 향해 설득하려는 의도나 구도, 멋은 있을지 몰라도 참으로 한심스러운 멋이 아닐 수 없다. 이는 순간적으로 커뮤니케이션 본래의 목적에서 벗어나는 결과를 자초한다. 소위 작품으로서 멋은 있을지 모르지만 커뮤니케이션 효과는 담을 넘어 사라져 버리는 것이다.

최종 목표는 올바른 커뮤니케이션, 여하한 경우에도 비록 얼굴 방향은 다른 곳을 향하더라도 시선만이라도 시청자를 향하여야 한다는 사실, 절대로 잊어서는 안 될 것이다.

32

반초의 욕심이 남의 작품까지 망쳐 놓는다

1960년대 후기, TV가 일상생활 속으로 들어온 후 영상광고의 프레임 전쟁은 끊임없이 이어져 온다. 마치 한 프레임도 남에게 양보하고 싶지 않은 타임 욕심에서 보이는 현상이라고 본다. 정해진 시간 내에 꽉 차 넘치는 상업적 멘트, 호흡을 무시한 채 무리하게 엮어지는 영상, 온라인상에서 광고와 광고가 구분되지 않는 대표적인 비효율적 현상이다.

15초씩 정해진 타임의 길이에 맞추어 여러 광고주가 연속적으로 방영될 경우, 우리는 남의 광고에 내 마지막 멘트의 여운이 넘어가는 것을 자주 볼 수 있다. 참으로 한심하기 짝이 없는 모습이다. 내 작품을 광고하는 것인지 남의 작품을 광고하는 것인지 시청자 입장에서 볼 때는 애매해지기 때문이다.

영상작품은 방영 시 방송국에서 정확히 타임을 계산하여 붙이고 자른다. 이 과정에서 처음과 끝의 길이는 아주 중요하다.

인간의 감각 등록 시간이 영상은 1초 이내, 음향은 2초 이내라고 암스

테르담 대학 프란첸 교수는 『표현의 과학적 메커니즘』에서 지적하고 있다. 따라서 처음의 2초는 흥미를 유발하는 중요한 포인트가 되는 영상이어야 하고, 마지막 2초는 정확히 인지시켜야 하는 역할과 의무를 지닌 화면이 되어야 하는 것이다.

자기 제품광고의 시작에 남의 제품명이 달라붙고 내 제품명에 남의 그림이 들어서니 이는 어찌된 일인가.

작품을 만들어 놓고 광고주에게 시사를 하는 경우엔 전혀 감지되지 않는 부분이기에 특히 제작 담당자는 신경을 써야 하는 부분이다. 시사 현장에서는 단독으로 시사를 하기 때문에 앞과 뒤에 충분한 여유를 주고 있어서 전혀 감지할 수 없는 부분이기도 하다. 제대로 된 시사 방법이라면 방송국에서처럼 제작사에서 정확하게 15초, 20초, 30초 등의 길이로 절단하고 같은 내용이라도 여러 작품 이상을 연결하여 시사를 하는 것이다.

정해진 길이의 앞과 뒤를 각각 15프레임씩 반초의 여유를 주고 연결되어야 정상적인 호흡은 물론 시청자가 인지할 타임이 만들어지게 된다. 이를 위하여 15초의 녹음 길이는 14초로하여 나머지 1초의 길이는 앞과 뒤에 각각 15프레임씩 여유를 주는 것이 전 세계적으로 공통된 기본이다.

우리나라만이 보여주는 괴상한 욕심으로 20초는 20초, 30초는 30초 오디오로 꽉 채우는 기현상이 여전히 개선되지 않고 이어지고 있는 것이다.

"아~ 이를 어찌 하나요?"

33

7년 만에 다시 잡은 "큐"의 아쉬운 종말

내 나이 50이 넘으면서 처음으로, 그리고 60세를 맞이하면서 두 번째로 업계의 관행에 따라 물러서려 했지만 두 번 다 광고주의 제작 의뢰가 멈추지 않아 현장을 떠나지 못하고 말았다. IMF 위기 때는 임직원들에게만 무거운 짐을 맡길 수 없어 다시 한 번 현장에 적극적으로 뛰어들어 슬기롭게 대처한 후 결정적 은퇴의 기회라고 판단하고 물러선 것이 2000년 2월 28일, 당시 63세였다.

경주대학으로 자리를 옮겨 교편을 잡으면서 영상광고박물관 건립에 전력을 다하고 있던 시기인 2007년 봄, 광고주로부터 뜻밖의 제작 연출을 부탁받게 된다. 당시에 제시된 광고 컨셉트는 CALTEX의 〈You are my Energy!〉였다. 시기적으로도 어울렸을 뿐만 아니라 장기적인 캠페인으로서도 손색이 없어 보여 다시 한 번 도전해 보기로 하였다.

첫 광고는 군인으로 나간 아들을 그리워하며 면회를 가는 어머니의 초조한 마음을, 두 번째는 싱싱함을 그대로 전하기 위해 새벽시장에서 살아있는 생선을 옮기는 상가 주인의 뜨거운 열정을 주제로 만들어졌다.

전략적으로 시리즈 캠페인의 세 번째 이야기의 위치가 중요해진 것이다. 이와 더불어 방송시점이 광고대상을 심사하는 겨울철에 방영되는 작품이어서 트로피를 생각하며 작품을 구상하였던 것이다.

도시에 사는 아들 내외가 시골의 부모에게 첫 손자를 안겨드리려고 먼 길을 달려오는 상황과 이른 아침부터 흥분된 모습으로 기다리는 노부부의 모습을 심도 있게 보여주리라 마음먹고 만반의 준비를 하고 있었다. 그런데 아뿔사! 의외의 상황이 벌어져 빛을 보지 못하게 된다. 결정적 요소인 석유 파동이 일어난 것이다.

석유파동이 일어났는데 "You are my Energy!" 캠페인을 전개하기에는 너무나 큰 무리가 따라 중단할 수밖에 없었을 것이다. 지금도 주유소만 보면 캠페인을 중단한 아쉬움보다는 트로피를 받아 광고주에게 서비스할 마지막 찬스를 놓친 아쉬움이 더 크다.

"반세기 넘어 흘러간 영상감독의 여정"

광고를 위한 4대 매체, 즉 신문 잡지 라디오 TV의 전성시기가 열리는 1960년대에 아르바이트 광고인으로 입문하여 4대 매체의 위력이 약화되고 새로운 매체들이 등장하는 21세기에 들어서면서 현장을 떠난 필자는 어떻게 보면 행운의 광고쟁이가 아니었나 싶다.

화가가 되겠다는 일념으로 선친의 뜻을 저버리고 1958년 홀로 상경하여 아르바이트 10여 년, 광고대행사에 입사하여 10년, 마흔한 살에 영상 제작업계에 뛰어들어 '세종문화'를 설립하여 23년, 그리고 영상박물관을 건립하기 위한 경주대학교에서의 석좌교수로 10년을 보낸 것이 나의 이력의 전부다.

마지막으로 한국영상광고박물관을 2006년에 개관시켜 놓고 대학과의 갈등으로 휴관을 하게 되어 전시물과 자료 일체를 부산 측 인사에게 이관시키고 마무리를 짓지 못한 채 오늘을 이어가고 있다.

지금도 오늘의 나를 있게 한 많은 광고인, 그리고 광고주들을 잊을 수 없어 내가 다룬 상표들의 깊은 애정 속에서 집사람과 함께 마지막 여정을 이어가고 있다.

영상광고라는 작품을 통하여 한 번 인연을 맺으면 쉽게 떠나지 못한다. 오랫동안 나를 믿고 작품을 밀어주던 광고주들이 있어 여러 가지 기록들도 남기게 되었으니 그 두터운 신뢰를 저버릴 수 없기 때문이다.

비록 화가의 꿈을 저버리고 영상광고 감독으로 일관해 온 나의 60여 년 여정, 끝내 광고의 길을 벗어나지 못한 채 외길을 걸어왔지만 지금 이 순간까지 단 한 번도 후회하지는 않았다.

2021년 1월
윤석태

지은이 이력

윤석태

이메일 suktaist@naver.com

학력
중앙대학교 예술대학 회화과 졸업

경력
1969, (주)만보사 제작과장
1975, 합동통신사 광고기획실 제작국장
1978, (주)세종문화 대표이사 겸 영상광고 감독
2001, TVCF 작품집 "Q-30" 출판기념회, 프레스센터
   전 한국영상광고박물관 뮤지엄-큐 관장
   " 사단법인 한국광고영상제작사협회 회장
   " 사단법인 한국광고단체연합회 이사
   " 한국공익광고협의회 위원장
   " 유럽 CANNE & 미국 CLIO 한국대표권자
   " 제35차 IAA세계대회 AV 분과위원장
   " 부산국제광고제 조직위원회 부위원장
   " TVCF AWARD 집행위원장
   " 한국광고학회 종신화원

포상경력

1986 공공광고에 기여한 공로로 대통령 표창
1989 매일경제 주관 광고계 공로상 수상
1992 광고계에 기여한 공로로 국민포장 수상
2000 광고주협회 유공광고인상 수상
2007 중앙대학교 중앙언론문화상 수상
2013 서울 AP클럽 특별공로상
2019 TVCF AWARD 서울영상광고제 특별공로상

강의경력

1978~79 서울예술대학 영화과 강사
1979~82, 중앙대학교 광고홍보학과 강사
1986~1989 한양대학교 연극영화과 강사
1987~1997 국민대학교 시각디자인 학과 강사
1982~1991 서울대학교 미술대학 산업디자인학과 강사
1997~2000 동국대학교 언론정보대학원 강사 겸 광고홍보학과
                   초빙교수
2004~2005 서울대학교 미술대학 대학원 강사
2000~2010 경주대학교 커뮤니케이션학부 석좌교수

저서

교육용VHS 『백두산 촬영기록』 제작/ 1991
교육용VHS 『다시다 광고는 이렇게 만들어진다』 제작/ 1993
『윤석태 작품집 Q-30』/ 도서출판 호미 2001

『윤석태 Q-30 주요작품집 및 수상작품집 VHS』/ 2001
『영상커머셜제작』/ 한국방송광고공사 출판사업부 2005
『한국영상광고의 역사(VHS)』/ 경주대산학협력단 윤석태 주관 2007
『4.19세대 시대증언 60년대 학사주점 이야기』/ 기획 편집 2011
『텔레비전 광고제작』/ 커뮤니케이션북스 정상수 윤석태 공저 2012
『짧지만 긴 여운 단편영상』/ 도레미출판 2017
『한국지성총서 02-연표로 보는 영상제작의 역사』/ 한국광고학회 2020

작품상 및 작품제작 기록 1969~2000

- 윤석태 영상광고 657편 기타 프로그램 4편 제작
- 대한민국방송광고대상 대상(세종문화) 5회 수상
  - 1984-대우정밀 로얄피아노 〈물방울〉 편,
  - 1987-대우전자 마제스타 〈사물놀이〉 편
  - 1992-경동보일러 효 시리즈 〈농촌〉 편
  - 1994-제일제당 다시다 고향의 맛 시리즈 〈북어국〉 편
  - 1999-SK텔레콤 스피드011 한석규 시리즈 〈사슴〉 편
- 우수 작품상 대한민국 방송광고대상 우수상
  - 1981 대우그룹 기업PR 수상을 시작으로 1999까지 총 43편 수상
- 해외 광고제 작품상 총 11편 수상
  - 1978 대우그룹 새한자동차 새한버드 〈랑데뷰〉
    일본 ACC상 수상을 시작으로 총 11편 수상

주요작품

코카콜라 〈오직 그것뿐〉 시리즈

킨사이다 〈신제품 인터뷰〉 시리즈

OB맥주 〈친구는 역시 옛 친구〉 시리즈

태평양화학 남성화장품 〈쾌남〉 시리즈

종근당 제약 낙센 〈거 참 신통하다〉 시리즈

롯데주조 캡틴 큐 〈애꾸 눈〉 시리즈

제일제당 고향의 맛 다시다 〈그래 이 맛이야〉 시리즈

롯데칠성 칠성사이다 〈백두산〉 시리즈

LG그룹 〈사랑해요 LG〉 시리즈

롯데칠성 델몬트 〈따봉〉 시리즈

오리온 쵸코파이 〈정〉 시리즈

현대자동차 〈엑셀〉 시리즈

삼성그룹 광고 〈자랑스러운 당신〉 시리즈

조선무약 우황청심원 〈우리 것은 소중한 것이야〉 시리즈

경동보일러 "아버님 댁에 보일러 놔드려야겠어요" 〈효〉 시리즈

SK텔레콤 스피드011 〈한석규〉 시리즈

〈윤석태 TVCF 작품집 Q-30에서〉

윤석태 영상광고 감독 CF 대표작품

제작연도	소재명	브랜드(제품)	광고주
1970	해변	코카콜라	코카콜라
1974	새마을	코카콜라	코카콜라
1978	랑데부	새한버드	새한자동차
1983	쌍띠망 편	태평양향수	태평양화학
1984	물방울편	로얄피아노	대우정밀
1987	사물놀이편	대우마제스타	대우전자
1991	황해도 망향 편	다시다	CJ제일제당
1994	즉석 북어국다시다 편	–	CJ제일제당
1989	따봉 1편	–	롯데칠성
1993	현대인 점퍼 편	기업PR	현대자동차
1990	아버지 고집 편	기업PR	삼성전자
1991	박동진 편	우황청심원	조선무약
1991	소 편	경동보일러	경동보일러
1996	황태덕장 편	경동보일러	경동보일러
1991	미인송 숲 편	칠성사이다	롯데칠성
1993	김장독 편	LG냉장고	LG전자
1991	원두막 편	쵸코파이	오리온
2000	자전거 편	–	환경디자이너 윤호섭
1998	산사 대나무 편	기업PR	SK텔레콤
1999	사슴 편	기업PR	SK텔레콤

도움을 주신 분 | (주)애드크림 tvcf.co.kr 김태형 이사
전 디디비코리아 서상교 이사
한국뉴욕주립대학교 서보인

윤석태 영상광고 감독 대표작품 QR코드

코카콜라_해변

코카콜라_새마을

새한버드_랑데부

태평양향수_쌍띠망

로얄피아노_물방울편

대우마제스타_사물놀이편

다시다_황해도 망향편

즉석 북어국다시다 편

롯데칠성_따봉 1편

현대자동차_현대인 점퍼편

삼성전자_아버지 고집편

우황청심환_박동진 편

윤석태 영상광고 감독 대표작품 QR코드

경동보일러_소 편

경동보일러_황태덕장 편

칠성사이다_미인송 숲 편

LG냉장고_김장독 편

초코파이_원두막 편

윤호섭_자전거 편

SK텔레콤_산사대나무편

SK텔레콤_사슴편

윤석태 영상광고 감독 CF 대표작품 유튜브 주소

https://youtu.be/3CTxOxxJz30
https://youtu.be/CCKRGP_E2fA
https://youtu.be/wEJ9leCBO0c
https://youtu.be/ckkpK_NYFBU

https://youtu.be/Ysith5ZcIRQ
https://youtu.be/IwwWlfiVb7I
https://youtu.be/ZVO8vwnbQsc
https://youtu.be/D3Dmd2cx-aY

https://youtu.be/APbv8FQHqc8
https://youtu.be/B6vpL5wpQD4
https://youtu.be/jR2kgYV86OE
https://youtu.be/oXQEapsFSPA

https://youtu.be/Y36cNEYQI2c
https://youtu.be/TS3mE989JKM
https://youtu.be/cVui-0NAK0E
https://youtu.be/fKJNrFzz_Zw

https://youtu.be/hVRR7rj07qc
https://youtu.be/Q583g-vj6PQ
https://youtu.be/8c-5Xd7Olp0
https://youtu.be/s1uP931OJRM